格致方法·社会科学研究方法译丛

过程追踪法

基本原理与指导方针

[丹麦] 德里克·比奇　　　　Derek Beach

拉斯穆斯·布伦·佩德森 / 著　　Rasmus Brun Pedersen

汪卫华 / 译

Process-Tracing
Methods
Foundations
and
Guidelines

格致出版社　上海人&出版社

译者导言

自 20 世纪 90 年代以来,政治学、社会学领域定量方法大行其道,基本掌握了话语权。但近二十年间,许多社会科学工作者也极力为定性研究的科学性"正名"。他们细致地澄清研究方法的本体论与认识论基础,重新界定因果关系或因果性,同时不断改进经验研究技术,提升个案研究的科学意涵。其间最知名的论战,莫过于定性研究者针对金、基欧汉和维巴在 1994 年推出的《设计社会调研》*用定量思维改造定性研究的做法,针锋相对地从社会科学哲学层面和方法论层面进行的批评与反击——尤其以布雷迪和科利尔等人在 2004 年推出论战性质的文集《重思社会科学研究:不同的工具、通用的标准》(2010 年又出第二版)最为知名。

正是在世纪之交定量与定性方法之争的大背景下,"过程追踪"被定性研究工作者发展为一套立足因果机制解释、肯定"个案研究"科学价值的研究方法。

过程追踪发端于心理学有关认知与判断的临床研究(Robin M. Hogarth 1972)。1979 年,亚历山大·L.乔治把这个研究思路移用到外交政策分析之中。读者看到的这本小书,正是对政治学、国际关系研究中运用过程追踪法的概括总结与分类讨论。在英文著作中,这也是第

---

* *Designing Social Inquiry*,行内俗称"KKV"。中译本书名译为"社会科学中的研究设计"(格致出版社 2014 年版,正文中也使用这一译法),本人不大赞成这一译法。一方面,任何翻译(translation)都潜在地意味着新诠(reinterpretation),学术著作似以尽可能照本直译为佳,以免无意间塞进译者的个人看法。另一方面,这本"布道书",专论定性研究中的"科学推断"规矩,并没有着眼于研究设计的整个流程,更不是一本操作手册。

一本专门讲过程追踪的方法教科书。相对于比本书早八年出版、将过程追踪作为独特研究方法加以系统化的《个案研究与社会科学中的理论发展》(George and Bennett 2005)，本书属于晚出的集成之作，讨论更加细致周到。而相对于仅晚它一年出版、示例更加充实的多人文集《过程追踪：从隐喻到分析工具》(Bennett and Checkel 2014)，本书又是更系统的教科书，运思敷陈连贯得多。本书一经出版，就成为政治学、公共管理、社会学领域方法教学的必读文献。

通过具体的、历时性的个案研究，打开因果关系"黑匣子"，考察原因与结果通过什么样的因果机制连接起来，从而形成完整的因果链，这就是"过程追踪"。为了讲清楚立足个案研究的过程追踪，相对于大样本统计分析以及跨（若干）个案的比较研究而言，到底在什么意义上也堪称"科学"研究方法，本书花了相当大的篇幅讨论这背后的科学认识论问题。

在译者看来，这本书对"过程追踪何以科学"的诠释，远比其作为"操作手册"更显成功。相信读者如果能耐心读完这本小书，留下印象最深的，恐怕还是两位作者对"什么是过程追踪""什么是因果机制""过程追踪有哪三种变体"略显冗长、啰唆的界定。至于到底怎么做好过程追踪，答案多半还是云山雾绕、不明就里。因此，译者才有意在本书副标题的翻译上用了"基本原理与指导方针"这样的冗长译法，突出这本书热衷于讲"科学观"上那些条条框框的特色，同时也表明译者对这本小书的"实操建议"写得不那么简单明了多少有些不以为然。

当然，这么说并不意味着全然否定本书的重要价值，只不过是建议读者在阅读时不要对"操作技巧"太过期待，这本书讲的更多的是原理、思路，而不是技巧、做法。其实，只要明白"个案研究"相对于其他"变项导向"的研究而言，原本就是以突出具体个案的特殊性（而非普遍性）为其所长，就不难理解个案研究最擅长的本就是"就事论事"。怎么把事情"说清楚、讲明白"？还是得因地制宜、顺势而为、实事求是、法无定法。不可能指望拿着所谓追求"普遍性"或"一般性"的科学标准（其实也是教条），去审视内容丰富、多维立体的个案，还是得依据实际情况，灵活调整自己的调查研究策略,发掘和呈现更加深入的信息。正如好的侦探办案不可能有千篇一律的操作规程,这本书是给希望以过程追踪做研究的学人说清楚怎样叫"把事情说清楚"。进而,为了什么样的具体目的,收集信息、形成证据、论证推理(如本书第5—8章),得往哪个大方向上用力?得有意识地避开哪些陷阱?窃以为,这才是过程追踪乃至各种定性研究中要讲"方法"的要义所在——讲方法其实多半是在与人唱念"紧箍咒",而不是教人舞弄"金箍棒"。

翻译方法书,最要命的大概就是把英文术语翻译成合适的中文说法。由于很多社会科学研究方法的术语在国内没有统一译法,或者有相对较多学人采用的译法,但未必真合适。本人按照自己对研究方法问题的涉猎和若干中英文献的理解,尽可能采用既尊重中英文日常含义,又照顾中文具体语境的译法。

比如,"link"在本书中是一个高频常见词,在把原因和结果"link"起来的意义上,似乎中文的"联系起来""关联起来"都说得通。但考虑到本书突出了因果机制把原因和结果连接起来的"活动",尤其作者反复强调"因果力量"是如何传递的这层意思,译者也就在绝大多数情况下,统一用"连接"来翻译"link"了。将"association"译作"关联"而非"相关""联系",也是考虑到把这几个日常语义相近但在方法语境中所指不同的词明确区分开来。再比如"relevant/relevance"在中文里也可以说"有关""相关",但在方法论著作中,"相关"是有特定含义的常见关键词,有明确的对应情形。因此,本书中把"relevant/relevance"都译作"相干(的)",有相干的,也有不相干的,和变项之间的"相关"关系是两回事。还有"case"译为"个案"而不说"案例",就是希望回避"例"的潜在意义。例者,比也。不作比较,个案就谈不是案"例"。尤其对过程追踪而言,研究任务是作个案内推断,而不是案例间比较。个案研究的讲法显然比案"例"研究更准确。再有"context"一词,在方法文献中是常用词,但中文如果译作"背景",如何跟"background"区别开呢?一个绝佳例子是,书中有"our background knowledge about the context of the case"一说,如果把"context"也译为"背景",中文表述就滑稽了。更何况，"context"其实强调了主体与周遭环境之间的互动情态，并非只是抛开主体而言的客观"背景"。受赵紫宸先生用"处境化"翻译"contextualization"的启发，除个别明显有"语境"含义处之外，译者在本书中大部分地方把"context"译为"处境"。尤其需要提醒读者注意，"处境"（context）与"情境"或"情景"（situation）不是一回事。如上所列，皆属小词，又都是研究方法上的常见词，译者认为还是得多琢磨一下这些英文小词拿中文怎么译更合适。毕竟，只有把许多西方概念和理论，切合实际场景，流畅自如地用母语表达出来，才谈得上是确实把洋词儿"引进、消化、吸收"了。

相对于名词术语的译法，本书"从句套从句"的大量复合句式更让人头疼。犹豫再三，除尽可能把一些实在费解的被动语态、倒装句式改成更合乎中国人思维习惯的表达方式外，译者保留了书中大部分复杂句式。毕竟，翻译不能成了改写，没必要刻意修饰原作者的文体风格。坦率地讲，译者对这种文风相当不以为然，原样保留，当作镜鉴，似乎也挺好。或许读者难免对书中一些段落读起来略感费劲，译者的建议是"观其大略、姑妄听之"，这样损失也不大。若读者觉得那些句子有点怪异，很可能即便查对原文，也未必能马上捋清楚作者到底想说什么。坦率地讲，这本书的文体风格堪称英文写作的"反面教材"，但放在如今的所谓"学术腔英文"写作中，似乎又是正常水准，所以读者即便不满，也未必有更好的选择。

总体而言，本书是一本中规中矩的方法论教本，如要对过程追踪形成一个大致印象，本书是方便的"一本通"。只不过，如果期待讲方法的"初心"原本是要帮助学人提升效率、删繁就简，那么过程追踪要不要讲成这本书目前呈现出来的样子，可能就两说了。讲方法应该让人学会如何把复杂问题简单化，而不是把简单问题复杂化，许多讨论过程追踪的专门文献在这方面做的其实并不成功。译者曾另行撰文做了一些拆解说明＊，有些兴趣的读者不妨找来参考。

＊ 汪卫华：《拆解过程追踪》，《国际政治科学》2022年第2期，第156—178页。

本书比较精彩的,也是译者推荐读者留意的要点有三方面:第一,对因果机制的细致讨论。不过需要声明,译者并不同意本书所言存在"宏观层面因果机制"的提法,那样做只会混淆结构解释和机制解释。译者认为因果机制只存在于微观层面(能动者层面),但产生宏观后果。第二,用贝叶斯方法重新说明个案研究中的因果推断和经验检验。不过,这种主观概率论立场,多少与作者前面强调的过程追踪的"决定论"本体论假定有矛盾。大概由于这个矛盾太过突出,在2019年推出的本书第二版中,两位作者删去了那张重要的对照表(第一版表3.1),并进一步区分了因果关系"本体论意义上的概率论-决定论分歧"与"认识论意义上的概率论-决定论分歧"。坦率地讲,这个改动并不成立,无非是把决定论与必然性混为一谈罢了。第三,对过程追踪三种变体各自适用范围及研究目的的讨论辨析。尤其是第2章和第8章的讨论,连贯起来看更有价值。本书第二版增加了"理论修正型",但理论修正不过是理论建构的辅助环节,所以作者也是合在一章(第二版第9章)里讲的,所以实际上还是延续了三种变体的大框架。

其实从目的上分解,过程追踪只有两类:(1)以一般理论为研究目的的过程追踪;(2)以具体结果为研究目的的过程追踪。在通过个案内推断揭示因果机制上,它们是一致的;但在与一般理论(因果假说)的关系上,它们又各有侧重。无论何种过程追踪,都需将原因、结果、机制、处境这四个方面统筹起来考虑,以描摹因果机制为中心任务,同时对处境条件高度敏感。过程追踪长于"就事论事",也就是"由果溯因"、动态地解释具体结果。因而,不要低估"具体问题具体分析",这往往可以成为提出新因果假说的前提,也不要高估"理论解释可推广性",也就是说,要把过程追踪作为多重方法的有机成分,善于把过程追踪与多案例比较、QCA、统计分析结合起来,"既在眼前找机制,也往他处觅因"。

本书作者之一德里克·比奇是著名的外交政策分析专家,所以书中所举到的研究实例大多是外交政策、国际关系领域的一些经典研究。多少有些滑稽的是,无论亚历山大·L.乔治还是德里克·比奇,外交政策这样典型的"黑匣子"反而激发了研究者"过程追踪"的兴趣!这或许多少象征了"缺什么、补什么"的科学探索精神，总比"吃不着葡萄说葡萄酸"的圆滑世故要积极得多，也比"震惊体"阴谋论魔幻分析要清醒得多。过程追踪在国内政治，尤其是公共政策分析领域，比外交政策领域显然更有应用价值，因为各种观察结果信息源更容易接触到，证据也更容易收集和鉴别，从而便于研究者还原公共政策决策、执行、评估、反馈的清晰过程。

无论在国内政治还是国际政治领域，过程追踪都是在强调聚焦于"个案"的变化过程，其实也就是聚焦于"事件"，从而和各种定量或定性的结构性解释区别开来。正如本书拿福尔摩斯探案集中的《银色烈火》（又译《银色马》）打比方，介绍其中的因果机制推断诀窍一样，过程追踪之中的推理套路极其类似于侦探办案，在外人看来或许神乎其技，但在内行看来只不过是更有效率地花时间精力把证据找全、串联成链，拿来检验自己的猜测（假说）罢了。所以，理解过程追踪，不妨看看优秀的侦探小说，就像本书所举的《银色烈火》这篇例子，最早就是科利尔拿来作过程追踪方法教学用的（Collier 2010），本书不过萧规曹随。在译者看来，福尔摩斯故事里的《布鲁斯-帕廷顿计划》可能比《银色烈火》更适合作为例子，更好地突出了聚焦于"事件"的过程追踪可以怎么做，有兴趣的读者不妨找来一读，至少可以跳出研究方法专业术语的折磨。

汪卫华

2024 年 4 月 28 日于北京大学

致　谢

　　谨以本书献给我们的同事——已故的丽思·托格比（Lise Togeby）教授，感谢她的求知欲。六年前，她向我们提出了两个无意冒犯的问题："什么是过程追踪？它与历史方法或传统的个案研究方法论有何不同？"彼时我们无法为她提供令人满意的答案。六年过去，在写就本书之后，我们有足够的信心回答这个问题了。

　　定性的后 KKV 方法论共同体不断增产的研究成果，尤其是约翰·盖林（John Gerring）的《个案研究》（*Case Study Research*）以及亚历山大·乔治（Alexander George）和安德鲁·班尼特（Andrew Bennett）的《个案研究与社会科学中的理论发展》（*Case Studies and Theory Development in the Social Sciences*），让我们愧负文债。没有这些学者的开创性研究，我们就无法构建过程追踪法的基础。

　　我们也感激能有机会在会议和讲习班上报告我们的工作；特别是，我们要感谢参加美国政治科学协会 2010 和 2011 年度会议的过程追踪和定性个案研究方法小组的与会者，以及 2010 年 11 月在奥尔登堡大学举行的研讨会的参与者。我们还要感谢本书外审详尽且富有见地的评论，这显著改善了书稿质量。

　　最后，我们感谢在奥胡斯大学政治学系和欧洲政治研究协会（ECPR）在斯洛文尼亚办的暑期学校参加了我们有关过程追踪和个案研究方法课程的博士生们。教这么聪明的学生是我们的荣幸，也是挑战。本书的许多要点都源于课堂讨论，涉及在不同研究情境中技术的

优势、劣势和适用性。我们希望，由此产生的这本书对新一代定性学者
有用处。

德里克·比奇　拉斯穆斯·布伦·佩德森
丹麦奥胡斯，2011 年 12 月

目　录

译者导言　/Ⅰ

致谢　/Ⅶ

1　社会科学中的过程追踪　/1
　　1.1　界定过程追踪　/2
　　1.2　如何区分过程追踪与其他个案研究方法　/4
　　1.3　本书主题　/5

2　过程追踪三种变体及其运用　/9
　　2.1　工艺现状——一种方法　/10
　　2.2　过程追踪法的三种不同运用　/11
　　2.3　过程追踪的三种变体　/13
　　2.4　结论:对过程追踪的新理解　/21

3　什么是因果机制?　/23
　　3.1　社会科学中因果性的本体论　/24
　　3.2　因果机制——一个机制论定义　/29
　　3.3　关于因果机制本质的争论　/32

4　与因果机制理论共事　/46
　　4.1　三种变体共有的挑战　/47
　　4.2　因果机制的不同类型　/53
　　4.3　理论检验型过程追踪　/57
　　4.4　理论建构型过程追踪　/61

4.5 解释结果型过程追踪 /65

5 因果推断与过程追踪法 /70
5.1 过程追踪中作出的推断类型 /71
5.2 过程追踪中可以使用哪种类型的推断逻辑？ /78
5.3 贝叶斯推断逻辑与过程追踪 /85
5.4 在过程追踪法中作因果推断——运用和限制 /90

6 对因果机制的经验检验 /97
6.1 贝叶斯更新 /98
6.2 过程追踪中的证据类型 /101
6.3 检验力度 /102
6.4 因果机制概念化和操作化的扩展示例:研究官僚政治 /109

7 化观察为证据 /121
7.1 如何将观察结果转化为证据 /124
7.2 过程追踪中证据的来源 /133

8 混合方法设计中的个案选择和嵌套过程追踪研究 /144
8.1 理论检验型过程追踪 /145
8.2 理论建构型过程追踪 /153
8.3 解释结果型过程追踪 /155
8.4 混合方法设计中嵌套以理论为中心的过程追踪研究的
挑战 /156
8.5 结论 /158

附录 一份过程追踪分析清单 /161
A.1 什么时候可以使用过程追踪？我们应该选择哪种变体？ /161
A.2 理论检验型过程追踪清单 /162
A.3 理论建构型过程追踪清单 /166
A.4 解释结果型过程追踪清单 /167

术语对照表 /169

参考文献 /179

1 社会科学中的过程追踪

你知道的,魔术师一旦把自己的戏法说穿,就得不到别人赞赏了;如果我把我的工作方法给你讲得太多,你就会得出这样的结论:我只不过是一个十分平常的人罢了。

——夏洛克·福尔摩斯(引自 A.C.Doyle 2010:33)

过程追踪研究本质上就是学者试图刨根问底,不仅仅满足于发现自变项(X)和结果(Y)之间的相关性。比如,学者业已发现民主与和平之间在统计学上有很强的相关关系(Oneal, Russett, and Berbaum 2004)。然而我们怎样才知道彼此皆为民主政体是两个国家之间保持和平的原因呢?民主如何催生更为和平的国际关系?回答这些问题要求我们揭示彼此皆民主与和平之间的因果关系,去研究将两个概念联系在一起的因果机制。

社会科学中的过程追踪通常被界定为致力于描摹各种因果机制(Bennett 2008a, 2008b; Checkel 2008; George and Bennett 2005)。因果机制可以被定义为"通过某些组成部件之间的相互作用产生某一结果的复杂系统"(Glennan 1996:52)。过程追踪需要"尝试去识别介于某一自变项(或诸自变项)与依变项 * 结果之间的因果过程,即因果链条和因果机制"(George and Bennett 2005:206—207)。

---

* independent/dependent variables 通常被译为"自变量""因变量"。考虑到在社会科学尤其是政治学中,大量的"变量"是以"定类"测量层次存在的,从中文语义上讲,还是用"变项"更为准确。而"因变量"的通常译法在当代日常用法中往往会跟"原因"之因混起来,译作"依变项"似乎更贴近英文原词。——译者注

探讨因果机制有助于我们在研究因果关系时更进一步,让我们得以"探察因果性之究竟,搞清楚神隐于各种结构原因与据称为其影响后果之间的中介因素"(Gerring 2007a:45)。而过程追踪法可以说是唯一能让我们去研究各种因果机制的方法。以过程追踪法研究因果机制使研究者能够对结果得以出现的因果过程作出强有力的个案内推断(within-case inference),使我们能够更新自己对某一理论化的因果机制可靠性的置信度。因此,过程追踪是"一种极为宝贵的方法,理应被每一位研究者纳入百宝囊"(George and Bennett 2005:224)。

过程追踪法近来在定性社会科学中广为流行,许多博士生和成名学者尝试在他们的研究中运用该方法(例如,Bennett and Elman 2006a,2006b;Elman 2004;Hall 2008;Jacobs 2004;Khong 1992;Lehtonen 2008;Owen 1994)。不过,尽管过程追踪在经验研究中被广为运用,并且关于过程追踪和因果机制的方法论文献数量激增,但就运用过程追踪如何以及何时才能作出可靠的推断而言,我们尚未拥有一套清晰、连贯的分析框架。我们也缺少一套在实践中运用这些方法的具体指南。过程追踪让我们能够运用深入的个案研究方法提炼有关因果机制的强有力的个案内推断,从而打开因果性的黑匣子,但上述不足却限制了过程追踪充分展现出它应有的潜能。

在本书中,我们试图揭示戏法是怎么表演的。在这么做的同时,我们要让读者看到过程追踪是一套"寻常的"社会科学方法,和其他众多方法一样,有比较优势,也有比较劣势。它不是万灵丹,但运用得宜时,它能让我们基于深入的单一个案研究就因果机制提出强有力的个案内推断,可以说这样的推断用其他社会科学方法是不可能办到的。

1.1　界定过程追踪

过程追踪法是在单一个案研究设计中考察因果机制的工具。尽管学者一般都同意过程追踪法可以被界定为以追踪描摹因果机制为目标,但现有学术文献无论对过程追踪法的本体论和认识论基础,还是对实践中好的过程追踪应该怎么做,都存在着相当多的混乱看法。一些基本问题,比如要追踪描摹什么样的因果机制、过程追踪个案研究多大程度上可以被嵌套进更宽泛的混合方法研究设计之中,相对而言都还没有得到回答。这样一来,缺少连贯的基础和具体的指南,也就阻碍了这一方法施展其潜能。

这种混乱局面部分地是学术文献中将过程追踪界定为单一研究方法的结果。许多关于过程追踪是什么以及实践中应该怎样运用的晦涩说法可以通过将过程追踪区分为三类社会科学研究变体加以澄清:理论检验、理论建构以及解释结果。这三种类型在不同维度上区分开来,包括它们是以理论为中心还是以个案为中心、所作推断的不同类型、各自如何理解因果机制,以及它们是否及如何能够被嵌套进混合方法设计之中。

理论检验型过程追踪(theory-testing process-tracing)从现有文献中演绎出理论,然后在给定个案之中检验是否有证据表明假设的因果机制的每一部件均在研究个案中出现,从而得以考察有关于"机制是否如预期在个案之中发挥了作用""机制是否作为一个整体呈现出来"的个案内推断。不过,就此并不能断言这一机制是不是造成结果的唯一原因。

理论建构型过程追踪(theory-building process-tracing)寻求从经验证据中建构一套可以一般化的理论解释,从某一特殊的个案事实之中推断存在着一种更为一般的因果机制。尽管这种类型的过程追踪对我们增进知识来说在分析上是有益的,但现有文献并没有提供任何按这一思路该如何操作的指南。

最后,解释结果型过程追踪(explaining-outcome process-tracing)试图为某一特定历史个案中出现的谜之结果给出最低限度的充分解释。在这儿,研究目标并非建构或检验更加一般性的理论,而是就事论事提出一套(最低限度的)充分解释,其研究抱负是以个案为中心而非以理论为中心。这一区别反映了许多定性学者以个案为中心的研究抱负,与诸如采取折中立场进行理论化工作(以个案为阵地和中心)(Sil and Katzenstein 2010)和实用主义研究策略(Friedrichs and Kratochwill 2009)之类的话题上日渐增多的文献中的主张相互呼应。解释某一个案的结果通常要求将不同机制折中结合，这些机制有些是就事论事的(case-specific)或非系统性的(参见第 2 章和第 4 章)。

我们在此并非纯粹为分类而分类。相反，通过鉴别三种变体，我们能把我们所做的向我们所说的看齐，这些区分对研究设计有着重要的方法论意涵，而如果我们把过程追踪当成单一方法的话，这些方法论意涵就被遮蔽掉了。

1.2　如何区分过程追踪与其他个案研究方法

综上所述，可以通过作出的推断类型把过程追踪法与大多数其他少量(small-n)个案研究方法区分开来。过程追踪试图在单一个案研究中对因果机制的出现/缺失作出个案内推断，而大多数少量个案方法则试图就因果关系进行跨个案推断(cross-case inference)。这些不同的推断雄心要求不同的推断逻辑，从而产生了根本不同的方法论(参见第 5 章)。

有些个案研究方法也能作个案内推断，过程追踪法最突出的替代品就是乔治和班尼特所称的"一致法"(congruence method)(George and Bennett 2005：Chapter 9)。在一致法中，基于自变项(X)的取值，研究者检验依据理论对结果的预测，是否与个案中的发现相一致，无论调查是依时间变化的还是跨(诸)结果各方面变化的(George and Bennett 2005：181—204；Büthe 2002)。

一致法通常被用以构造一个历史过程的叙事，检验 X 和 Y 在一个经验过程的不同时间点(t_0, t_1, …, t_n)上的预测值(Büthe 2002)。"除了在因果过程的每一步都呈现相关性的信息"，这类叙事个案研究"可以将这些步骤处境化，使整个过程可见，而不是将其分解到各个分析阶段"(Büthe 2002：486)。例如，坦嫩瓦尔德(Tannenwald 1999)对核禁忌的研究涉及一致个案研究,她调查了被测度为"禁忌言论"的 X(反对使用原子武器的规范)或被测度为"物质主义论点"的 Z(物质因素)各自可观察到的意涵是否出现于美国政府的决策过程之中。她用了四个使用和不使用核武器的个案历史叙事,发现在三个核武器几近被使用的个案中,禁忌言论的出现(X)和不使用核武器(Y)之间有很强的相关性。

把一致法和过程追踪法区别开来的关键在于明确聚焦于调查因果机制。一致法调查 X 和 Y 之间的相关性,而过程追踪调查有助于产生某一结果的某一或各种机制的运作。过程追踪法超越了相关性,试图追踪把 X 和 Y 联系起来的理论上的因果机制。

与鲁巴赫(Rubach 2010)等人的观点相反,过程追踪个案研究通常不能以叙事形式呈现。尽管以事件或时序形式呈现的证据,在根据预测的可观察到的影响类型来检验因果机制的某一部件出现时可能是适当的(参见第 6 章),但其他类型的证据,如模式证据(例如由不同机构生产的文件的数量),则可能在检验该机制的其他部件时才是适当的。因此,过程追踪个案研究通常应作为因果机制每一部件的逐步检验(a stepwise test)加以呈现,理论检验型变体尤其如此。例如,欧文(Owen 1994)对民主和平机制的研究就是作为对其理论化机制每一部件的一步步检验呈现出来的,而不是以该个案中事件的叙事方式写成的(参见第 5 章)。

1.3　本书主题

当我们想要比用其他社会科学个案研究方法(如跨个案比较法)更好地理解因果关系的本质时,就会使用过程追踪法。然而,在现有的关于过程追踪的方法论文献中,一个关键不足是缺乏对该方法或研究设计的逻辑基础的充分阐述,尤其是在过程追踪与其他定性个案研究方法的不同之处方面语焉不详。

本书通过详细探讨过程追踪区别于其他个案研究方法（如一致法或结构化的、聚焦的比较法，关于这两类方法的更多信息参见 George and Bennett 2005）的本体论和认识论基础，弥补了这一缺漏。"本体论"指的是我们对社会世界本质的理解——具体地说，在这里就是因果性的本质。"认识论"指关于我们应当怎样最好地研究社会世界中的因果关系的各种论点。我们提出的论点建立在霍尔（Hall 2003：374）断言研究方法论和本体论需要对齐的基础上："究其根本，本体论之于方法论至关重要，因为一组特定的方法之于某个给定问题恰当与否，取决于对它们旨在揭示的因果关系的本质的预设。"正如第 3 章提出的，采纳过程追踪因果性的机制论和决定论本体论，意味着使用完全不同的方法论工具进行经验分析，而不是将对因果性的规律性理解作为理论化的基础。此外，就因果机制作出个案内推断的目标也意味着，与使用诸如一致法等其他少量个案方法相比，我们采用了不同的推断逻辑（参见第 5 章）。

第 2 章解释了过程追踪的三种不同变体，详细说明了它们共享的元素以及它们的紧要差别，这些差别具有重要的方法论意涵。

第 3 章向读者介绍了科学哲学中涉及因果性本质的本体论争论，以理解过程追踪法中使用的对因果性的机制论和决定论理解与其他社会科学方法［尤其是大样本（large-n）统计分析和比较个案研究］的不同之处。然后我们探讨调查因果机制的不同方法，包括：追踪经验过程，将它们作为 X 和 Y 之间的干预变项加以考察，以及使用机制论的、系统导向的理解。我们主张认真地对待因果机制的研究，应采纳过程追踪中的机制论理解，将因果机制概念化为由介入活动的实体构成的一系列组成部件。如此，我们把分析的注意力聚焦在因果力量如何经由机制传递（transmission）。该章最后讨论了机制的不同理论层次，以及在经验研究中机制能否被直接观察到的问题。

第 4 章处理与因果机制的理论化有关的问题。因果机制如何才能最好地加以概念化，从而使经验分析能够捕捉到个案研究中机制的运作？$X \rightarrow Y$ 的因果理论如何被转译成由一组部件组成的因果机制，用以描述解释因素（变项或条件）怎样产生结果的理论化过程？进而，我们如何从一个结果倒推回去,以建立一项详细说明产生该结果的因果机制的充分解释? 在转向讨论运用过程追踪三种变体时各自所面临的具体挑战之前,我们将讨论在过程追踪中应该如何将理论概念和因果理论加以概念化。

在第 5 章中,我们讨论了为什么经典统计分析和比较方法中使用的主流推断工具不能用作个案内推断。在这里,我们延续了方法论必须与本体论对齐的论点。特别是,我们阐明了在其他社会科学方法中使用的推断工具不适用于过程追踪,因为我们感兴趣的是就因果机制的出现/缺失作出个案内推断。然后,我们将展示贝叶斯推断逻辑,以及它何以能作为用于在过程追踪中作个案内推断的工具。该章最后更详细地讨论了可以运用过程追踪法不同变体作出的各种推断类型,以及同样重要的,不能作哪些类型的推断。

第 6 章转向开发强有力的经验检验的问题,使之用以调查假设的因果机制是否出现于单一个案之中。基于贝叶斯推断逻辑,我们在过程追踪中的目标是根据经验检验更新我们对某一机制存在的信心。为使更新成功,我们的经验检验需要以一种使其推断能力最大化的方式来设计。如果假设的因果机制的每个部件都出现于该个案之中,那么每项检验当能详细展现出我们期望在经验记录中看到的就事论事的那些预测。

然后我们收集经验材料,看看预测的证据是否出现。不过,在被用来作为证据使我们能够更新我们的信心之前,"原始的"经验观察结果需要评估其内容、准确性和概率。我们在第 7 章中讨论了评估过程,介绍了用以评估经验材料的贝叶斯相容(Bayesian-compatible)的工具。如果预测的和发现的证据在机制的每个部件上都有很强的匹配性,则我们可基于贝叶斯推断逻辑,有一定程度的信心推断出该个案之中假设的因果机制是存在的(Bennett 2008a)。

第 8 章进一步拓展了讨论范围,讨论了个案选择以及过程追踪的三种变体是否、何时以及如何嵌入混合方法研究设计的问题。我们讨论每种变体的个案选择,说明为什么现有的处方并不总是适用。该章提出,过程追踪的理论建构型和理论检验型变体可以与其他方法结合用在混合方法设计中，而解释结果型设计不能与其他研究方法有意义地结合起来。关键的区别在于，前两种变体聚焦于系统机制，使其理论能够与其他方法中的理论进行沟通交流，而后者包括非系统性的、就事论事的部件，包含这些部件也就限制了结果的可通用性。

最后，附录给出了运用过程追踪三种不同变体的实用清单，它贯穿研究过程的每个步骤，提出了可用于构建过程追踪分析的指导方针和若干问题。

2 过程追踪三种变体及其运用

本章论证有三种不同的研究局面可以运用过程追踪法，由此产生了过程追踪的三种不同变体。相对而言，学界现状是将过程追踪视为一套特异（singular）方法，以致其方法论指导原则模糊不清。虽然大多数使用过程追踪的个案研究运用了以个案为中心的某一变体，我们称之为"解释结果型过程追踪"，但是大多数方法论著作开出了一个以理论为中心的过程追踪处方，涉及对单一个案中是否存在可一般化的机制的演绎检测。我们实践的和我们鼓吹的之间并不调和，这导致了在有关什么是好的过程追踪的认识上存在相当大的混淆。我们主张，当我们将过程追踪区分为三种不同的变体时，就可以开出更清晰的处方。

我们在此并非纯粹为分类而分类。这些差别对研究设计具有重要的方法论意涵，而当我们将过程追踪视为单一方法时，这些意涵就被掩盖了。我们将在本书的余下部分探讨这些意涵。例如，这三种变体在一些关键问题上有所区别，比如怎样理解因果机制？研究目的是推断某个机制在某一个案中是否出现，还是解释某个特定结果？它们是否可以嵌套进混合方法设计之中。

我们首先总结工艺现状，表明现有的过程追踪工作将其视为一套特异的方法。然后我们说明有三种不同的研究局面，需要不同的方法论工具，这意味着需要将该方法区分为反映这些不同目的的三种独特的变体。最后，我们简要地分别说明这三种变体，展示一下在每种变体中我们追踪的内容分别是什么以及是如何进行分析的。

2.1 工艺现状——一种方法

乔治和班尼特在他们那本书(George and Bennett 2005)中关于过程追踪的一章里提到了实践中使用的不同形式过程追踪的范围。两位作者认为过程追踪始终有各种各样的使用方式,包括详尽叙事和个案研究,"至少部分叙事伴随着非常明确的就事论事的因果关系假说,但并没有为此采用理论上的变项或者试图将个案解释推而广之成一般化概括"(George and Bennett 2005:210—211)。在其他类型的过程追踪中,"研究者构建了一个一般性解释,而非因果过程的详尽追踪"(George and Bennett 2005:211)。然而,在该章的其余部分,乔治和班尼特将过程追踪视为一套特异的方法,掩盖了与不同用途相关的差别。

更晚近的解释也将过程追踪视为一种单一方法,通常将其定义为一种用以检验因果机制是否存在,以及是否像被理论化的那样发挥作用的演绎工具。例如盖林(Gerring 2007a:172—185)描述了一个两阶段的演绎研究过程,其间分析者首先澄清理论论点,然后对模型的每个阶段进行经验上的验证。切克尔将过程追踪描述为试图"以一种非常具体的、理论上有根据的方式追踪过程。研究者寻找一系列理论上预测的中介步骤"(Checkel 2008:363)。最终的结果是一项中程理论(middle-range theory)。班尼特将过程追踪描述为一种方法,涉及"对个案中有助于支持或推翻其他解释假说的'诊断'证据片段进行检查。一项中心关切是在展开假设的因果过程中呈现出次序和机制。这项研究寻找假设解释的可观察的影响……其目的是确定个案中的事件或过程是否与替代解释所预测的相符"(Bennett 2010:208)。

然而,将过程追踪视为一套特异的方法,结果在我们为好的过程追踪开出的处方(依赖于一个相对演绎的过程追踪变体)与我们实践中所做的事情(许多学者希望使用该方法来建构理论或解释特定的令人困惑的结果)之间,存在极大出入。将过程追踪作为一种方法处理,其结果就是一套模糊的方法论指南,以及糊里糊涂的研究者和实践者。

2.2 过程追踪法的三种不同运用

过程追踪法有三个不同的研究目的。如图 2.1 所示，在检验个案中是否存在因果机制、建构理论机制以及对特定结果给出解释这三项研究目标之间存在差别。这其中有个明显的、整体意义上的分歧（bifurcation），即过程追踪以理论为中心还是以个案为中心，它反映出不同选择的差别：或者建构/检验那些能跨越诸个案的处境局限，而被一般化为（相对）简洁的因果机制，或者聚焦于解释特定结果，通过实用的机制论解释来说明个案的某些重要方面。

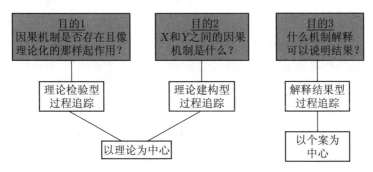

图 2.1　过程追踪法的三种不同用法

在理论检验型过程追踪中，一项因果机制被假设出现于一种现象诸多个案的总体之中。研究者选择一个 X 和 Y 都出现了的单一个案，其处境允许该机制运行。这里的目标是评估是否有证据表明存在连接 X 和 Y 的假设因果机制，以及它是否像理论上预测的那样起作用。其雄心是超越 X 和 Y 之间的相关和联系，打开因果性的黑匣子，更直接地研究 X 有助于产生 Y 的因果机制（参见第 3.3 节）。

理论建构型过程追踪涉及建构关于 X 和 Y 之间的因果机制的理论，从我们对该机制一无所知的局面开始，该理论可以被推广适用到某一给定现象的总体。

第三种情形，也是实践中最常见的，是我们想要解释一个特别令人困惑的历史结果。这里的目的不是以理论为中心，建构或检验一个可推广的理论化机制；相反，目标是对结果给出一套充分解释。不是研究导致战争（Y）的机制，而是将分析重点放在解释一个特定的结果（如第一次世界大战）之上。

把过程追踪分为以个案为中心和以理论为中心的不同变体，抓住了社会科学中本体论和认识论的核心分歧。在以理论为中心的一边，是新实证主义和批判实在论的立场，其中的理解是，社会世界可以分为可管理的、能以经验研究的不同部分（Jackson 2011）。这里的抱负是建立一般化可推广的理论，不管我们是抱定更狭隘的目标去研究受特定处境限制的中程理论，还是有（也许无法实现的）野心去发现类似定律的一般化概括。如第 3 章所讨论的，以理论为中心的研究中的因果机制被理解为系统性因素，这意味着它们可以在预期运作的处境中跨个案被一般化推广适用（Falleti and Lynch 2009）。在这里，因果机制被理解为相对简单、简洁的路径，即由此 X 有助于产生 Y，但这些机制本身并没有被理论化为 Y 的充分原因。

以个案为中心的过程追踪法是在对世界的不同本体论理解下操作的。科学哲学为以个案为中心的立场提供了许多不同的途径。一条途径是杰克逊加以描述的，他展示了被他称为"心灵-世界关系"的二元论本体论（世界独立于观察者存在）和一元论本体论，"科学研究的对象不是惰性的和无意义的实体，它们给我们留下深刻（自然的或增强的）感官印象，或给我们留下有理论根据的意识"（Jackson 2011:114）。一元论本体论意味着，与其去尝试那些被认为是不可能完成的任务，即建构和检验类似定律的一般化概括（以理论为中心的研究），我们还不如采取一种工具主义立场，旨在解释特定个案之中的结果。

不管通往这一立场的哲学途径如何，以个案为中心的研究者一致认为，社会世界是非常复杂的、受多重因素影响的，并且与具体处境极为相关。这种复杂性使得生产可以跨众多个案的一般化概括的知识的企图变得困难，如果不是不可能的话。相反，他们企图解释一些特别令人困惑的结果。

在这里,理论以一种更加实用的方式被加以运用,也就是说,作为启发式工具,在提供对给定现象的尽可能好的解释方面,具有分析上的效用(Peirce 1955)。以个案为中心的研究学者认为,既然在复杂的社会世界中不可能进行一般化概括,那么区分系统性的部分和就事论事的部分几乎没有意义。此外,其所发展的理论更加折中,通常包括不同机制的合成以及更就事论事的机制。

他们的目标不是证明某个理论是正确的,而是证明它在提供尽可能好的解释方面有用处。解释是就事论事的,不能脱离特定个案(Humphreys 2010:269—270)(参见第5章)。

2.3　过程追踪的三种变体

过程追踪三种变体每一种的核心元素是什么? 这三种变体之间存在许多共性。例如,所有变体都有研究因果机制的目标。关于因果关系本质的本体论预设也是共享的。还包括决定论理论化方式和因果关系的机制论理解,即聚焦于因果力量经由机制的一系列连锁部件传递从而产生结果(参见第3章)。过程追踪三种变体共享一种把机制视为不变的理论理解,它们要么出现,要么就不出现(参见第4章)。此外,这三种方法都援用贝叶斯推断逻辑,就因果机制的出现/缺失作出个案内推断(参见第5章)。

把这三种变体区分开的是,

● 它们是"以理论为中心"的设计还是"以个案为中心"的设计;
● 目的是"检验"还是"建构"理论化的因果机制;
● 它们对"因果机制一般性"的理解[从一组个案(总体)中预期存在的系统机制到就事论事的机制];
● 作出推断的类型,其中理论检验型或理论建构型变体对机制的"出现/缺失"作出推断,而解释结果型过程追踪则可以对解释的"充分性"进行推断。

现在我们来看每种变体实际上追踪的是什么,说明每一种变体的典型研究过程。

2.3.1　理论检验型过程追踪

在理论检验过程追踪中,我们既知道 X 也知道 Y,我们要么对一项可能机制有现成的猜想,要么能够使用逻辑推理从现有的理论化成果中提出一项因果机制。

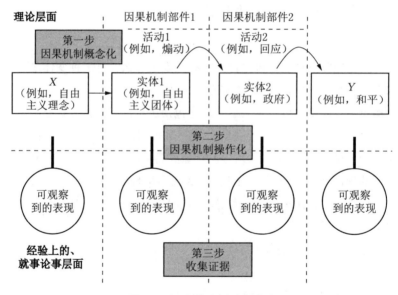

图 2.2　理论检验型过程追踪

图 2.2 展示了一个简单的理论检验型个案研究的抽象示例。检验假设的因果机制是否出现的第一步是在现有理论化成果基础上将 X 和 Y 之间的因果机制概念化,并明确其起作用的处境。在这个例子中,我们推测出 X 和 Y 之间的一项双部件机制,每一部件由参与活动

的实体组成。然后,这个理论化的因果机制需要被操作化(第二步),将理论预期转化为就事论事的预测,即如果该机制出现于个案中,那么该机制的每个部件应该具有哪些可观察到的表现。在实践中,理论检验具有归纳的元素,尤其是在经验检验的可操作化方面,如果理论切实有效我们应当看到什么证据,我们利用现有的经验研究作出就事论事的经验预测(参见第 6 章)。

一旦机制和处境被概念化和操作化,分析者继续进行第三步,其间她收集可以用来作出因果推断的经验证据,更新我们对于下述两件事的信心:(1)该假设机制是否在个案中出现;(2)该机制是否如预测的那样起作用或只有该机制的某些部件出现。图 2.2 中的粗线条表现了在理论检验型过程追踪中所作的推断,我们从收集到的经验证据中推断出个案中存在一项因果机制。

第三步的经验分析是逐步推进的,检验是否有证据表明该机制的各个部件都出现。最重要的是,检验不同部件是否出现的必要证据可能非常不同,使得这些部件的证据互不可比。因此,个案研究通常读起来并不像分析叙事,在此尽管以事件形式呈现的证据可以是因果机制某一部件的一种可观察的表现形式(取决于被预测的可观察到影响的类型),而其他类型的证据,如模式证据(例如由不同机构生产出的文件的数量)亦能同样相干(参见第 3.3 节)。

那么,作理论检验型过程追踪时,我们实际上在追踪什么呢?通过观察因机制存在则预期产生的就事论事的影响是否出现在个案之中,被追踪的并非一系列的经验事件或叙事,而是潜在的理论化因果机制本身(参见第 3 章)。

理论检验型过程追踪使我们能够推断在单一个案中一项因果机制是否出现,以及该机制是否如预期那样起作用。然而,理论检验型过程追踪并不能使我们检验相互竞争的机制的相对解释力,除非在罕见的情况下,两项竞争机制可以被概念化,从而它们由相同数量、截然相反的部件组成,且有可观察到的影响来排除对方(参见第 5 章)。此外,鉴于我们只能就一项机制是否出现于此单一个案中作出推断,关于这项机制的"必要性"的任何主张都不能合乎逻辑地被提出来。要这样做,就需要进行跨个案分析(参见第 8 章)。

2.3.2 理论建构型过程追踪

过程追踪的第二种可辨变体也有超越单一个案界限的理论抱负。依其最纯粹的形式,理论建构型过程追踪从经验材料开始,并通过对该材料的结构化分析来检测一项貌似有理的假设因果机制(即将 X 与 Y 连接起来)。虽然文献提到了这种可能性,但是这种过程追踪的归纳式、理论建构型变体却意外地被忽略了。据我们所知,文献中没有试图说明在实践中怎样做到这一点。

理论建构型过程追踪用于两种不同的研究情形:(1)当我们知道 X 和 Y 之间存在相关性,但因为没有理论指导,我们对连接两者的潜在机制(以 X - Y 为中心的理论建构)两眼一抹黑;或者(2)当我们知道一个结果(Y)但不确定原因时(以 Y 为中心的理论建构)。在第二种情况下,分析首先从 Y 回溯到一个隐蔽的、貌似合理的 X,将研究变成以 X - Y 为中心的分析。

这里所追踪的也是一种理论上的因果机制,它预期会存在于跨个案总体之中(即它是一项系统机制)。理论检验型和理论建构型过程追踪之间的核心区别涉及理论先于事实抑或事实先于理论。在理论建构型过程追踪中,经验材料被用来建构一个假设的理论,首先推断所发现的事实反映了潜在因果机制可观察到的影响。然后,从这些可观察到的影响推断出它们反映了一项潜在因果机制,从而实现了第二次飞跃。然而,这两种变体都聚焦于通过检测其经验表现来追踪一项一般化可推广的因果机制。

尽管理论建构型过程追踪作为一种归纳方法与解释结果型过程追踪有些重叠的元素,但两者之间的关键区别在于理论建构型过程追踪寻求建构一项中程理论来描述因果机制,令其在个别个案之外、有限处境之内(例如空间上或时间上受限)能一般化、可推广,而解释结果型过程追踪则侧重于对个别个案的结果作最低限度的充分解释。理论建构型过程追踪研究并不主张其检测到的因果机制足以充分解释结果。

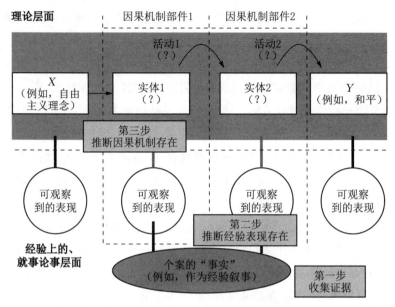

注：粗线＝直接推断；阴影线＝间接（二次）推断；阴影区＝被追踪的对象。

图2.3　理论建构型过程追踪

图2.3说明了理论建构型过程追踪个案研究的基本框架。在关键理论概念（X，Y）界定好之后，理论建构进而调查个案之中的经验材料（第一步），利用证据作为 X 和 Y 之间潜在因果机制经验表现的线索，满足适当概念化的因果机制的指导原则（参见第3章和第5章）。这个过程涉及密集和广泛的经验记录搜索工作。

第二步涉及从可观察到的经验证据推断这些表现反映了个案中存在的潜在因果机制。证据本身不能为自己说话。理论建构往往具有一些演绎的元素，即学者会从现有的理论工作和以往的观察结果中寻找灵感。例如，研究国际组织内行政官员社会化的分析者可以从国内公共行政理论或小群体动力的心理学理论中寻找灵感，同时也可阅读更多关于国际组织工作的描述性说明，以寻找合理的因果机制。在此，现有的理论可以被设想为一种网格（grid）的形式，以检测经验材料中的系统模式，从而对可观察到的表现作出推断。在其他情形下，对机制的搜索是基于从现有工作未解决的谜题之中得出的预感。在第三步中，二次跳跃是从可观察到的表现来推断它们反映了一项潜在的因果机制。

图 2.3 表明理论建构型过程追踪是检查一项潜在的、理论上的因果机制，描绘作阴影的区域构成理论层面的背景(X，因果机制，Y）。相对于理论检验型过程追踪，经验分析本身被理解为个案中"事实"的集合，是从理论化因果机制跃出的两次推断性跳跃（即推断是间接的）。这在图中用连接"事实"与可观察到的表现（直接推断）的粗线条来说明，随后的二次推断性跳跃则从这些可观察到的影响，跃升到推断某项潜在因果机制的若干部件存在。

在现实中，理论建构过程追踪通常是个迭代的和创造性的过程。那些关于该寻找些什么的预感将从现有的理论和经验工作中受到启发，被系统性地加以考察，而这一搜索结果也形成了进一步搜索的背景。这意味着在到达第三步之前，第一步和第二步经常得重复进行。

2.3.3　解释结果型过程追踪

许多（如果不是大多数）过程追踪研究的目标是解释一个特别有趣和令人困惑的结果。虽然现有的过程追踪处方几乎只专门讨论我们所理解的以理论为中心的变体，但大多数学者实际上运用的是解释结果型过程追踪。

这种类型的过程追踪可以被认为是单一结果研究，定义为在单一个案中寻找特定结果的若干原因（Gerring 2006）。①这里的目标是对一个特定结果作出最低限度的充分解释，"充分"是指在不存在冗余部分的情况下解释结果的所有重要方面（Mackie 1965）。这种研究路径标志着与两种以理论为中心的变体之间有显著区别。例如，在理论检验过程追踪中，未断言该机制是否充分；相反，推断仅仅涉及假定的机制在此单一个案中是否出现。

① 在解释结果型过程追踪中，由于讨论的是一个独特的个案而非一类系统性理论现象（Y）的一例，我们不用 Y 来标识结果。

虽然解释结果型过程追踪研究有时更接近于历史学家的工作,但我们认为这种过程追踪仍旧是社会科学研究,因为最终的解释通常涉及比历史学家所能接受的更为一般化的理论主张。此外,解释结果研究往往有超越单一个案的理论抱负。

重要的是得注意,"因果机制"这个术语在解释结果型过程追踪中的意义,要比在两个以理论为中心的变体中广泛得多。首先,鉴于理论检验型和理论建构型过程追踪变体旨在检验/建构跨个案适用的机制,作出一个最低限度的充分解释,几乎总是需要把各种机制结合成一个折中合成机制(eclectic conglomerate mechanism)来解释某一历史结果(参见第 3 章)。其次,鉴于研究目的是以个案为中心、试图对一个特定结果作出一个最低限度的充分解释,通常有必要在该因果机制中纳入非系统性部件,将其界定为就事论事的机制。

解释结果型过程追踪是一种迭代研究策略,旨在追踪产生问题结果的系统性的和就事论事的因果机制的复杂合成物。这一解释不能脱离特定个案。因此,理论化的机制被视为启发式的工具,其功能是协助给某一特定结果建构一套尽可能好的解释(Humphreys 2010;Jackson 2011)。

虽然解释结果型过程追踪作为一种迭代策略,最接近于溯因法(abduction)——这是演绎法(deduction)和归纳法(induction)的辩证结合(Peirce 1955),就我们的目的而言,把它分解为给某一结果建构尽可能好的解释时可选择的两条替代路径(演绎路径和归纳路径)可能更有帮助,如图 2.4 所示。此图不像前面的图那样把机制分解为多个部件,因为重叠的合成机制的各个部件用图形描述非常复杂。

演绎路径遵循前面在理论检验中描述的步骤,检验现有的机制,看它是否能够解释结果。这个过程使用黑色箭头来说明,分为三步。第一个箭头是理论作为一种机制被概念化的一步。第二步,进行经验检验,然后根据经验记录进行评估。最后,第三个箭头表明了分析者估定是否已作出了充分解释的阶段。

然而,在大多数解释结果研究中,现有的理论无法提供充分解释,导致研究进入第二阶段,可以根据第一次经验分析的结果选择演绎或归纳的路径。如果再次选择演绎路径，则必须对替代理论进行检验，确定它们是否提供了充分解释。或者，可以在二次迭代中选择归纳路径，运用经验证据建构更好的解释。

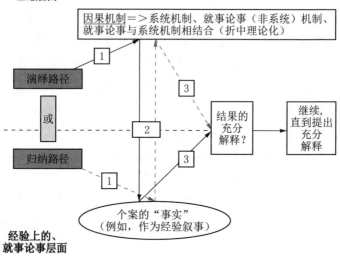

图 2.4　解释结果型过程追踪

当我们考察一个很少研究到的结果时，经常使用归纳路径。这条路径在图 2.4 中以灰色箭头表示，从经验层面开始。在这里，分析者可以以一种更类似于历史学方法论或经典侦探工作的方式进行研究（Roberts 1996）——例如，通过筛选证据，从结果往回倒推，试图发现产生结果的合理的充分因果机制。这是一种自下而上的分析，使用经验材料作为基础，建构一套合理的因果机制解释，其中 X（或多个 X）产生了结果。

接下来重要的问题是，我们什么时候应该停止这个过程，也就是说，当我们看到一个最低限度的充分解释时，我们怎么知道就是它？这个问题没有万无一失的答案；相反，我们得到了最低限度的充分解释的决定，是基于对结果的所有相干方面是否得到了适当解释的评估来作出的，同时还确保证据由已发展成熟的解释而非似是而非的替代解释最好地得到了解释。这是一个迭代的过程，我们不断更新模型，直到它提供了我们认为是尽可能好的解释（Day and Kincaid 1994）。我们永远不能百分之百确定地证实一个理论；相反，当我们对所发现的解释说明了结果中最重要的方面感到满意时，我们就会停下来(参见第 5 章)。

2.4　结论：对过程追踪的新理解

我们需要将过程追踪法区分为三种不同变体，以使我们所实践的和所宣扬的保持一致。这三种变体的共同之处在于，它们都有追踪因果机制的抱负，不过，在理论检验和理论建构变体中使用的"因果机制"一词指的是一般化可推广到有限个案总体的相对简洁的各种机制，而在解释结果型过程追踪中，机制指的是系统性机制、就事论事的非系统性机制(产生结果的事件)和折中就事论事的不同机制合成。

表 2.1　总结过程追踪三种变体之间的主要区别

	理论检验	理论建构	解释结果
分析目的——研究情形	情形一 已经发现 X 和 Y 之间相关，但是否有证据证明存在将 X 和 Y 连接起来的因果机制？	情形二 基于个案中的证据建构连接 $X:Y$ 的合理的因果机制。	情形三 通过在个案研究中建立最低限度的充分解释来解释特别令人困惑的历史结果。
研究抱负	以理论为中心	以理论为中心	以个案为中心
对因果机制的理解	系统性的(处境中一般化可推广)	系统性的(处境中一般化可推广)	系统机制、非系统的(就事论事)机制以及就事论事的各种机制合成
我们实际上在追踪什么？	单一的一般化可推广机制	单一的一般化可推广机制	就事论事的、复合机制解释个案
作出推断的类型	(1) 因果机制各部件存在/不存在 (2) 个案中因果机制存在/不存在	反映潜在机制的可观察到的表现	解释的最低限度充分性

表 2.1 总结了过程追踪三种变体之间的主要不同点。过程追踪法有三种不同目的：(1)检验个案中是否存在一个一般化可推广的因果机制，并按预期起作用；(2)从个案的证据中建构一般化可推广的机制；(3)解释特定结果。这些方法的不同之处在于它们是以理论为中心还是以个案为中心，以及它们实际上追踪的是什么和它们能作出的推断的类型。

这本书余下部分讨论处理三种过程追踪变体的共性和差异，看看它们的本体论和认识论基础(第 3 章)、研究过程每个阶段使用理论的实用指南(第 4 章)，以及作出的推断的类型(第 5 章)。书中还要探讨开发经验检验(第 6 章)、处理证据(第 7 章)，以及回答在个案选择和在更宽泛的混合方法研究设计中嵌套个案研究的一些问题(第 8 章)。

3 什么是因果机制？

　　本章聚焦于有关因果性的本质以及对因果机制的理解问题上的争论，它们构成了所有三种过程追踪变体的本体论和认识论基础。本章向读者介绍科学哲学内部关于因果性自身本质的本体论的争论，从而理解过程追踪分析中用到的因果性的机制论理解方式如何与社会科学中普遍存在的对因果性的其他理解方式（特别是大样本统计分析和比较个案研究中的那种理解）区别开来。既然本书并非一本谈论因果性的冗长哲学争论的论著——自古希腊以来因果性就是一个存在激烈交锋的主题——这一章只简要评论两项因果性本体论（因果性本质）上的关键争论，对于把握在以理论为中心和以个案为中心的变体中如何理解因果机制，了解这些争论是必需的。第一项争论涉及我们是应该以一种怀疑论的、新休谟式的方式来理解因果关系，即因果性被纯粹地看作规律关系的模式（规律性），还是说因果性指的是因和果之间更深层次的连接关系（例如一种机制）。第二项争论涉及因果关系应以决定论的方式理解还是以概率论的方式理解。

　　本章接下来讨论因果机制的本质。在以机制论理解定义了因果机制之后，我们鉴别了一个共同的核心问题，即在过程追踪法中如何理解因果机制，以及它们与将机制视为经验事件或干预变项的理解有何不同。不过，依所选变体样式不同，过程追踪研究中存在显著差别。在以个案为中心的分析中，机制通常被认为是系统性的和非系统性的部件的松散合成，共同解释特定结果。相比之下，以理论为中心的分析采用的是相对简单的因果机制，只包括可超越单一个案界限、可一般化的系统性部件。

本章最后深入讨论关于因果机制本质争议的几个要点。这些要点包括本体论的争论——机制是否应该被理解为只在微观/行动者层次运作，还是宏观/结构机制也有其自身的现实意义；以及更多的是认识论意义上的争论——我们是否能直接观察到因果机制，还是我们只能观察它们的存在所产生的影响。

3.1 社会科学中因果性的本体论

本节简要概述科学哲学中关于因果性自身的本质（机制或规律性联系）以及因果性应当以概率论方式还是决定论方式来理解的争论主线。

3.1.1 因果性是规律性联系还是因果机制

当我们说到 X 和 Y 之间的因果关系时，这种关系中因果性的本质是什么？社会科学在因果关系的本质上有两种主要的本体论立场。[1]首先，对因果性作为规律性经验联系模式的怀疑论、新休谟式理解历来是社会科学中最普遍的看法（Brady 2008；Kurki 2008）。大卫·休谟（David Hume）时代流行的理论认为因果性是一种必要的连接关系，其形式是 X 和 Y 之间的"钩子"或"力量"。休谟对此种理论做出了回应，他认为我们无法测量把因和果连接起来的"隐秘联系"（secret connection）。我们可以观察到一个物体落在地上，但是我们不能观察到使物体下落的重力。由于无法从经验上证实 X 产生 Y，休谟认为我们应该仅从各因素之间的恒定合取（constant conjunction）（相关性）意义上来

---

[1] 布雷迪（Brady 2008）区分了因果性的四种不同本体论立场，但只有规律性和机制论理解与少量个案方法可能潜在相干。实验方法，尽管被越来越多地使用（Morton and Williams 2010），但要求有相对较大的研究样本。反事实解释，尽管作为生产让人无话可说的解释的辅助工具很重要，但不能单独起作用。

定义原因;在他看来,任何关于"不可检测的"机制的理论化工作都将迅速退化为形而上学(Brady 2008;Hume 1975)。因此,因果关系被认为只不过意味着(在控制其他相干的可能原因情况下)X 和 Y 之间的规律性联系(Chalmers 1999:214;Marini and Singer 1988)。

因此,从规律性来看待的因果关系可以被理解为 $X:Y$ 关联的经常性模式,而 X 产生 Y 的实际因果过程是"黑匣子"处理的。通过考察 X 和 Y 之间的相关模式,可以分析其规律性。要确立因果性,休谟认为 X 和 Y 之间的关系需要满足三条标准:(1)X 和 Y 在空间和时间上必须是毗连的;(2)X 发生在 Y 之前(时间相继);(3)X 和 Y 之间存在经常性的合取(Holland 1986)。例如,政府采取紧缩措施以削减赤字(X)与其无法赢得随后的选举(Y)之间的规律性关联,在这种理解下,就表明 X 和 Y 之间存在因果关系——假定这三条标准都得到满足的话。

社会科学中的第二种本体论立场是对因果性的机制论理解,这一立场是过程追踪法的基础(Bennett 2008b)。巴斯卡(Bhaskar 1978)、邦格(Bunge 1997)和格伦南(Glennan 1996)等科学实在论者认为,笛卡尔对因果机制 * 的机制论理解(在休谟的论述之前普遍流行)应该以一种修正的方式重新引入。因果关系的机制论本体论的定义特征是,我们对 X 产生 Y 的理论过程感兴趣,特别是对所谓的因果力量从 X 到 Y 的传递感兴趣。对因果性的机制论理解并不一定意味着规律性关联。事实上,一种机制可能并不常见。必要的是,X 实际上是经由一种将两者连接起来的因果机制来产生 Y 的(Bogen 2005)。

因果性的机制论理解的焦点是原因对结果的动态的、交互的影响,特别是因果力量如何经由因果机制的一系列连锁部件传递,从而有助于产生结果。例如,哲学家斯图尔特·格伦南(Stuart Glennan)将机制定义为"一个复杂系统,它通过若干部件的相互作用产生结果"(Glennan 1996:52;Glennan 2002)。在社会科学研究中,安德鲁·班

---

* 原文如此,视上下文此处似应为"因果关系"更合适。——译者注

尼特将因果机制定义为"具有因果能力的能动者在具体处境中运作,将能量、信息或物质传递给其他实体的过程"(Bennett 2008b:207)。戴维·瓦尔德纳(David Waldner)将机制定义为"具有改变其环境能力的能动者或实体,因为它具有在具体处境中传递的物理力量或信息来影响其他能动者或实体的行为的不变属性"(Waldner 2012:18)。

因此,与规律性理解相反,因果性以更复杂的方式被理解为把 X 与 Y 连接起来的因果机制,描绘成 $X \rightarrow$ 机制 $\rightarrow Y$。通过研究机制,学者获得萨蒙(Salmon 1998)所谓更深层解释的知识。

3.1.2　对因果性的概率论或决定论理解

另一个关键的本体论区别存在于对因果性的概率论理解和确定性理解之间。概率论因果性意味着研究者相信我们正在处理的世界之中存在随机(random/stochastic)属性,经常用误差项来建模(参见 King, Keohane, and Verba 1994:89 n.11)。这种随机性既可以是固有随机性的产物(社会世界被理解为类似于量子力学),也可以是复杂性的产物。在后一种情况下,虽然我们可能假定世界是内在的决定论的,但社会世界包含非线性的关联、反馈和其他复杂的特点,使它看起来就像存在一些随机元素一样。归根结底,社会世界的随机因素是内在固有的还是复杂性的产物无关紧要,因为它们对概率论理论化工作的影响是相同的(Marini and Singer 1988)。

因此,概率论的理论假定现实既有系统性的也有非系统性(随机)的特点。例如,在遗传学研究中,许多学者认为,一个人的大部分认知能力是从他/她的父母那里继承下来的(例如 Bouchard 2004; Haworth et al. 2010; Herrnstein and Murray 1994)。然而,遗传学家并不认为孩子的智商会永远和父母一样;相反,遗传具有一种内在的随机性,产生了一种最好以钟形曲线形式呈现的概率分布来表示的关系,平均而言,智商较高的父母生出的孩子智商较高,反之亦然。这种因果关系被理解为概率论的,即使对父母的智商有精确的了解,也不能使我们对任何一个孩子的智商作出准确的预测,只能是一系列可能的结果。

因此，概率论因果模型中的假说表述为"当 X 增加时，Y 趋于增加"的形式。

概率论本体论具有方法论上的意涵，因为只有用跨个案方法来调查概率论因果关系、调查系统性部件跨总体的或者该现象总体某一样本的平均因果效应才有意义。比较一个孩子和她父母的智商这样的单一个案研究，无法告诉我们人口总体之中智商与遗传之间关系的强度到底如何，因为我们没有办法弄清楚单一个案中存在的相关性纯粹是偶然性的产物，还是趋近于遗传上预测的平均因果效应。

对于统计学家来说，"决定论因果性"这个说法意味着没有误差项（即没有随机成分）的理论模型。这基本上意味着，如果适当地具体化，一个决定论模型应当解释给定依变项方差的 100%。定性社会科学家对决定论有更务实的理解。马奥尼简洁地总结了这一理解："本体论意义上的决定论世界的预设绝不意味着研究者将成功地分析这个世界上的因果过程。但它确实意味着随机性和偶然性的出现仅仅是因为理论、模型、测量和数据上的局限性。除了本体论决定论，唯一的替代选择是假定（至少是部分假定）'事情就这样成了'；也就是说，得假定真正的随机因素……随机地产生结果。"（Mahoney 2008：420）

决定论因果关系可以在总体层次上进行研究，但通常与少量个案研究联系起来（Mahoney 2008）。对于定性学者来说，"决定论"这个术语主要用来指在个别个案中对必要和充分原因的讨论或者这些类型条件的结合（Mahoney 2008：417）。这意味着我们要考察的不是在总体中给定的 X 是否倾向于与 Y 共变，而是在个别个案中 X 是不是 Y 的必要和/或充分原因（Collier，Brady，and Seawright 2010a：145；Mahoney 2008：417）。不管其他变项的值是多少，如果一个条件的缺失阻止了某个结果出现，这个条件就是必要原因，而如果一个充分条件出现，该结果就总是会发生。①

---

①　这些类型的关系可以理解为集合论的关系，例如，将民主作为产生和平的充分条件的理论化工作，涉及主张民主国家对子（dyads）构成相互和平相处的国家的一个完美的子集合（Ragin 2008：16）。

3.1.3 不同社会科学方法中采用的因果性本体论

表 3.1 说明了四种不同的逻辑组合以及使用它们的各种社会科学方法。单元格 1 展示了社会科学方法中应用最广泛的本体论立场，其中的规律性与概率论理解结合在一起。X 被理论化为增加了结果 Y 在总体中发生的概率，而如果我们发现假定因果性成立的三条标准都得到了满足（毗连、时间相继和规律性关联），我们就可以推断 X 是 Y 的一个原因。采用这种立场的方法包括大样本的定量统计，以及由金、基欧汉和维巴（King，Keohane，and Verba 1994）将之改编用于定性的个案研究。

与 KKV 关于概率论因果性和个案研究的主张相反，大多数定性方法学家反驳说这违背了定性的个案取向方法论的信条，主张我们应当采用因果性的决定论理解（Blatter and Blume 2008；Mahoney 2008）。马奥尼（Mahoney 2008：415—416）认为，当我们在调查单一个案及其原因时，使用因果性的概率论理解是没有意义的："在单个个案层面，特定结果发生的事后（客观）概率要么是 1 要么是 0；也就是说，要么结果会发生，要么结果不会发生……单一个案的各种概率毫无意义。"这使得单元格 3 在单一个案研究设计中逻辑上是不可能的，而研究机制对于大样本研究则是不可行的（参见第 5 章）。

相反，马奥尼（Mahoney 2008）认为我们应该在少量个案研究中采用决定论理解。在跨个案研究中，这就涉及用比较个案研究法（单元格 2）来调查条件之间的规律性联系模式。一致法是个案内研究，评估假设原因和观察效果的相对强度和持续性之间的相似性（George and Bennett 2005：181—204；Blatter and Haverland 2012）。

过程追踪涉及在单一个案研究中研究因果机制。其基本观点是，如果我们认真对待机制，这意味着来自个别过程追踪研究的证据不能与在其他研究中收集的证据进行比较，因为这些证据是就事论事的。某一个案中相干的证据不能与另一个案中的证据进行有意义的比较，这就使得跨个案比较或多或少是不可能的。因此，如果我们对研究因果机制感兴趣，我们需要采用因果性的决定论本体论（Mahoney 2008）。如表 3.1 中的单元格 4 所示。

表 3.1　不同社会科学方法论中因果性的本体论假定

	概率论	决定论
规律性	1. 大样本定量统计方法，KKV 的定性个案研究方法	2. 一致性个案研究（个案内）、跨个案比较研究法（少量个案），以及定性比较分析（QCA，中等数量个案）
机　制	3. 单一个案研究中逻辑上不可能、大样本研究中考察机制不可行	4. 过程追踪法（单一个案）

3.2　因果机制——一个机制论定义

在前面介绍的机制论理解中，因果机制被定义为关于把因果力量从 X 传递到 Y 的连锁部件组成的一种系统性的理论（Bhaskar 1979；Bunge 1997，2004；Glennan 1996，2002）。邦格将理论性因果机制定义为"具体系统中的一个过程，使其能够在整个系统或其某些子系统中带来某些变化或阻止某些变化"（Bunge 1997：414）。总结这一立场的另一个好的定义是"机制是一组相互作用的部件——一组元素的集合，它们产生的效果不是其中任何一个所固有的。机制与其说是关于'螺母和螺栓'的，不如说是关于'齿轮和轮子'的——产生效果的转动装置或中介"（Hernes 1998：78）。

把原因和结果连接起来的机制可以用一个机器类比来理解。理论性机制的每个部件都可以被认为是一个齿轮，它把因果机制的动态因果能量传递到下一个齿轮，最终产生结果 Y。我们用机器打比方，仅仅是作为将一个给定的因果机制概念化和操作化的启发式援助。我们绝不是说所有的社会因果机制都表现出类似机器的性质；事实上，许多社会因果机制更具动态性（Bunge 1997；Pierson 2004）。它们不一定是中性的传动带。一个小小的扳机可以触发不成比例的效果，因为力量是通过因果机制放大的。某个强大的原因也可以经由因果机制使其效果减弱。此外，通过机制，因果力量的传递可以是非线性的，或者各种机制的作用可以使因果力量改向另一方向。这意味着，因果机制可以产生的效果不能仅仅归结为 X 的效果，因此，连带研究因果机制与原因（而不仅仅研究原因本身）是至关重要的。

因果机制的每一部件都可以被概念化为由从事活动的实体组成（Machamer 2004；Machamer，Darden，and Craver 2000）。实体是参与活动的因素（机制的各个部件，即齿轮），这些活动是变化的生产者，或者是通过某种机制（轮子的运动）传递因果力量的东西。

在机制论的理解中，一项机制的各部件与整体之间的逻辑关系是什么？我们用必要条件和充分条件的术语来描述这种关系。在比较方法中，解释条件被视为必要的、充分的或两者的某种结合，如 INUS 条件（Braumoeller and Goertz 2000；Mahoney 2000；Ragin 1988）。麦基将 INUS 条件定义为一个非必要但充分条件的不充分但必要的部分（Mackie 1965）。必要条件是指结果发生时必然存在，且 X 缺失会使结果缺失的条件。相反，充分性描述的是一个条件（或一组条件）能够产生结果的情况。如果 X，结果总是 Y。

虽然跨个案比较文献通常将原因（X）描述为条件，但我们并没有逻辑上的理由不能将必要条件和充分条件的逻辑调整为适应目前分析产生结果的机制的目的。不同之处在于，当比较学者认为一个条件是 X 时，我们认为我们也可以使语言适应于对一项机制的部件和整体的分析。

机制的每个部件可以表述为（$n_n \rightarrow$），其中 n_n 指实体（n），箭头指经由机制传递因果能量以产生结果的活动。＊用于表示逻辑上的"与"。因此，作为一个整体，因果机制可以被描写为

$$X \rightarrow [(n_1 \rightarrow) * (n_2 \rightarrow)]Y$$

这应当读作 X 通过组成机制的部件1（实体1和一个活动）和部件2（实体2和一个活动）传送因果力量，产生结果 Y。这是一个"与处境无关的"（context-free）机制，并且一个适当的研究也将详细给出使机制被激活的处境条件（Falleti and Lynch 2009）。

不妨拿汽车作个类比，X 可以是发动机，Y 是汽车的运动。然而，没有传动轴和轮子，发动机本身也不能产生向前运动。在这里，传动轴和车轮可以被认为是因果机制，从 X（发动机）传递力量从而产生 Y（运动）。

我们主张，首先，过程追踪研究策略的所有三种变体对因果机制的各个部件有共同的理解，它们应该被概念化为一个整体机制中非充分但必要的组成部件。该机制的每个部件本身都不足以产生结果 Y，因为它只与"机器"的其余部分一起发挥作用。其次，在机制论本体论中明确的观点是，我们对一个给定因果机制进行概念化时所包含的各部件对于"机器"运转是绝对重要的（必要的），如果缺了某一部件，这个机制本身就很难说存在了。这由逻辑"与"表示。如果我们概念化了一项由三个部件组成的因果机制如 $(n_1 \rightarrow) * (n_2 \rightarrow) * (n_3 \rightarrow) = Y$，且 $(n_2 \rightarrow)$ 在经验上或在理论上是多余的，那么该机制就应该重新概念化为 $(n_1 \rightarrow) * (n_3 \rightarrow) = Y$。这样一来，当我们试图把给定的理论模型化为一项因果机制，也就引入了规束效应（disciplining effect）。基本上，如果一个符合逻辑、基于理论的论证不能用以表明为什么特定部件是因果机制至关重要的（必要的）一部分，特别是描述出具体的某一实体或各实体介了将因果力量从 X 传递到 Y 的活动，那么冗余的部件就应该从理论模型中被淘汰掉。另外，如果我们的经验分析发现了某一部件是没必要的，那么也应该对该机制进行重新概念化以排除掉它。

这种规束效应意味着，当我们从事机制理论建模时，我们不会遇到在更微观的解释层次上无限偏离、陷入一堆琐碎部件的问题（关于这个问题特别好的讨论，参见 Roberts 1996）；相反，我们只对一项机制的某些部件建模，而它们被理论化为对产生给定结果是绝对重要的（必要的）。当我们进行以理论为中心的过程追踪时，为什么一项理论或假说在某一具体个案中最终能成立，这种研究路径能帮助我们解决为此得增加各种特设解释而面临的一些问题，因为我们需要能够论证该机制的所有部件在其他个案中也可以假设其存在。

将因果机制的各个部件理解为各自必要的，需要采纳因果性的决定论本体论立场，从而能对因果机制各个部件的存在进行因果推断。

若使用概率论本体论,如果我们对因果机制的某一具体部件是否存在于某一个案之中进行经验调查,又找不到确认的证据,那么对此情形我们是应该否定其存在呢? 还是说尽管在总体中存在着强有力的平均因果效应,但仅仅由于个别个案上的随机性,在我们考察的这个个案中就看不到其存在呢? 我们无从分辨。如 KKV 建议的,遇到这种情况,其方法论的处方是增加考察的个案数量(增加 n),但是因为过程追踪的目的是要在单一个案研究中检验机制是否存在,这样的做法对于过程追踪而言就不合适了。

与 KKV 的立场相反,在过程追踪法中,我们将机制的每个部件概念化为整体中各自独立存在的必要的元素。尽管这些例子都是单一个案研究,但我们主张可以使用贝叶斯推断逻辑(参见第 5 章)对一个机制的各个部件存在与否进行推断。

此外,如果我们发现了一项多部件机制中某一部件的强有力否认性证据,我们也就否定了整个假设的因果机制的存在。在这种情况下,有两种推进的方法:一种是完全抛弃假设的机制,另一种是使用更具有归纳性的工具进行理论修正,以检测潜在的机制(理论建构)。如果我们找到强有力的证据确认该机制的每个部件都存在,我们就可以(在一定的置信度下)推断出该机制确实存在。

3.3 关于因果机制本质的争论

把过程追踪中使用的对因果性的机制论和决定论理解与大样本统计分析等方法背后的规律性和概率性理解区分开来虽然相对比较容易,但对于因果机制究竟是什么,大家的认识还相当模糊(Gerring 2010；Mahoney 2001)。

许多社会科学学者认为,他们正在用多种研究方法研究因果机制:有些学者认为,因果机制应该被理解为从 X 到 Y 传递因果力量的诸系统,而其他人则认为因果机制是介于 X 和 Y 的出现之间的一系列经验事件。还有一些学者把因果机制看作 X 和 Y 之间的干预变项。我们则要说明,要认真对待机制就意味着不能只将其理解为在其间 X 有助于产生某个结果的诸系统。

在各种过程追踪法中,对这些机制论系统的确切本质,出现了认识分歧。正如我们在第 2 章中介绍的那样,关于它们是该被视为相对简洁和特异的,还是该被视为就事论事的合成物,在以理论/个案为中心的分野之中存在着分歧。没有跨过这一差别鸿沟的其他分歧包括:因果机制是否仅仅在微观/行动者层面上运作,或者是否还有些不能被简化到微观层面的宏观/结构层面的机制存在? 最后,我们能观察到因果机制起作用,还是只能间接观察到它们存在的影响? 在这两点上,我们认为没有什么逻辑上必要的理由非选择其中一种立场或另一种立场不可,这就意味着我们还得在层次问题或机制是否可观察的问题上保持不可知论。

3.3.1 因果机制不仅仅是经验事件

许多学者以为他们在研究因果机制,但实际上只不过在追溯某个经验过程,将之理解为在时间和空间上位于 X 的发生和结果 Y 之间的一系列经验事件(一套经验叙事)。

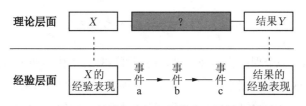

图 3.1　经验叙事把机制藏进了黑匣子

图 3.1 描述了一些学者如何误用"过程追踪"一词来指代追踪 X 和 Y 之间发生的经验过程(事件次序)的学术套路,而将它们连接起来的因果机制实际上还藏在黑匣子里(Bunge 1997)。这类研究采取经验叙事的形式:"行动者 A 对行动者 B 做了 X,然后行动者 B 就在 Y 事项上

改变了立场，以此类推。"此类学术套路是描述推断的一种有价值的形式，它描述了一系列的经验事件，提供了关于发生了什么的珍贵历史知识，但却甚少告诉我们一个结果如何以及为什么会出现。聚焦点在事件上，而不是在理论指导下对证据有没有表明假设的因果机制是否存在的分析上。

在过程追踪中，研究聚焦于使 X 有助于产生结果 Y 的因果机制。这一点在那些我们称之为以理论为中心的过程追踪变体中最为明显（图 3.2），在这类研究中，一个相对简单的因果机制处于分析的前沿阵地和中心位置。在理论检验型变体中，随着机制的每个部件在经验上表现出来，该机制被明确地加以理论化。然后个案研究评估我们是否找到预期的经验证据。对于假设的因果机制的每一部件，我们调查该机制预期的经验性表现是否出现或缺失。不同类型的证据被收集起来，这取决于什么最适合于让我们能够更新我们对该机制出现/缺失的信心。

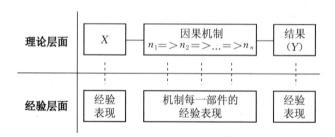

图 3.2　以理论为中心的过程追踪法

例如，一个理论化的理性决策机制可以被理论化为四个部件：决策者将（1）收集所有相干的信息，（2）识别所有可能的行动路线，（3）根据决策者的效用函数评估备选方案，以及最终（4）选择使预期效用最大化的备选方案（Oneal 1988）。这四个部件的经验表现会非常不同，不同类型的证据将被用来评估部件 1 或部件 4 是否存在。可以通过调查事件的时间次序，确定部件 1 是否发生在部件 2 之前，从而显示部件 1 出现。然而，事件的次序不足以确定部件 1 或部件 2 是否出现。相反，例如，为了评估部件 2，我们得检验其他预计的表现是否也出现了，包括是否评估了所有可能的行动路线的证据。虽然我们在检验机制每个部件的经验表现，但我们实际上是在追踪潜在的理论性因果机制，如图 3.2 所示。我们的分析被组织为对一项机制的每个部件进行聚焦的经验检验，而不是对该个案之中各事件的故事进行叙事性的经验陈述。无论我们是否具有以理论为中心或以个案为中心的抱负，理论都在指导我们的过程追踪分析。相反，只作事件追踪，我们对潜在的因果机制恐怕一无所知。

稍微复杂一点的是，在以理论为中心和以个案为中心的过程追踪变体之中，对因果机制理解方式存在差别。在以理论为中心的变体中，机制被理解为关于机制将因果力量从 X 传递到 Y 的中程理论，并且假定若允许机制运行的处境存在，则预期它们将出现在所有个案（总体）之中。分析试图确定在某一特定个案中是否出现了诸如学习或政策漂移之类的某个单一机制，但鉴于大多数社会结果都是多重机制的产物，因此没有人主张它具有充分性。这意味着我们研究的是特异机制，而不是复杂的合成物。

相反，当分析的目的是对特定结果作出充分解释时，我们几乎总是需要将各种机制结合成折中的合成机制来解释特定结果。例如，埃文斯写道：“个案总是太复杂了，难以证明单一理论，所以在这个传统里工作的学者很可能弄出一锅不同理论传统的大杂烩，希望从他们在意的那些个案之中挖掘出更多东西。”（Evans 1995：4）施迈尔芬宁（Schimmelfenning）指出：“折中主义是试图尽可能解释具体事件的研究意想不到的后果。”（引自 Sil and Katzenstein 2010：191）其结果是更复杂的、就事论事的诸多机制的结合（参见第 4 章）。

此外，考虑到研究目标是对特定结果作出最低限度的充分解释，通常有必要在因果机制中包括非系统性的部件，将其界定为就事论事的机制。而埃尔斯特则认为，机制必须具有超越特定时空处境的一般性（即它们是系统性机制）（Elster 1998：45），从而排除了使用非系统性机制来解释结果，其他学者则更务实地认为特定时间和地点上特有的机制也可以被定义为机制。例如，怀特将机制定义为“产生事件的事件次序和过程（因果复合体）”（Wight 2004：290）。通过问一问我们是否该期望非系统性机制在其他个案中发挥什么作用，可以将非系统性机制与系统性机制区分开来。

非系统性机制在解释特定结果方面的重要性使得解释结果过程追踪有时更类似于对事件的历史解读（Roberts 1996）。然而，这些非系统性部分几乎永远不会单独存在，因为社会现实不仅仅是各种事件的随机大杂烩，还包括有界限的总体里一系列个案之中普遍运行的机制。

此外，纳入有时被描述为事件的非系统性机制具有重要优势，它使我们能够捕捉遍布历史事件之中的行动者的选择和偶然性，使我们的研究免受历史学家对社会科学的批评（Gaddis 1992—1993；Roberts 1996；Rueschemeyer 2003；Schroeder 1994）。用勒博的话来说："潜在的原因，无论有多少或埋得多深，都不能令事件不可避免。它们的后果可能取决于时机上的偶然性巧合以及独立于任何潜在原因的催化剂的存在。"（Lebow 2000—2001：591—592）

接受就事论事的机制并不意味着它们更可取（Gerring 2006）。"得澄清一下，单一结果研究设计对于以个案为中心的解释持开放态度，而个案研究则不开放。但是单一结果的研究者不应该预先假定他们的个案的真相包含在该个案特有的那些因素之中。"（Gerring 2006：717）将解释结果过程追踪与历史研究区分开来的，既有以因果解释为焦点（理论指导分析的地方），也有超越单一个案的雄心壮志（Gerring 2006；Hall 2003）。说到超越单一个案的雄心，这涉及在具体个案研究中试图识别哪些机制是系统性的，哪些是非系统性的。这在书籍论著中表现得最为明显，其结论之中为其他个案提供了镜鉴。例如，基于我们的研究结果以及我们从其他研究中了解到的信息，我们认为合成机制的哪些部分是系统性的？哪些发现可以导出到其他个案之中，以及在何种程度上它们对于特定个案是独特的？可以导出单个的因果机制，但是（通常）不能导出就事论事的合成机制。

图3.3说明了在解释结果型过程追踪中所追踪的因果机制更为复杂的性质。分析仍然聚焦于因果机制的理论层面，虽然这些都是以一种更宽泛和更实用的方式来加以理解的。

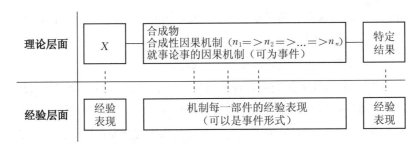

图 3.3　解释结果型过程追踪中的机制

3.3.2　因果机制不仅仅是干预变项

　　对机制的另一种常见误解是那些将机制概念化为一系列干预变项的人造成的。因果机制最广泛使用的定义是将其视为一系列干预变项,解释变项通过这些干预变项对结果变项施加因果影响(例如,Falleti and Lynch 2009:1146;George and Bennett 2005:6;Gerring 2007b,2010;Hedström and Ylikoski 2010;King,Keohane,and Verba 1994;Waldner 2011)。这种理解最好的示例就是金、基欧汉和维巴的著作《社会科学中的研究设计》(*Designing Social Inquiry*)中给出的因果机制定义:"这个定义也要求我们识别一系列的因果联系,依顺序为每一对连续变项界定因果性,并识别这些变项任意两个之间的联系和每一对变项之间的关联。"(King,Keohane,and Verba 1994:86)对他们来说,机制仅仅是将初始假设原因和对 Y 的影响联系起来的干预变项链条(King,Keohane,and Verba 1994:87)。这些干预变项通常表达为名词形式。

　　因果联系在这个定义中被视为变项。这意味着它们可以取不同的值,它们的存在是相互独立的,因为每个变项实际上是一个自给自足的分析单元。方差意味着应用了对因果性的概率论理解——当我们从事单一个案研究时,这样做毫无意义。

　　此外,使用干预变项通常会导致忽略各变项之间的联系。变项之间的因果联系被忽略是由于这样一个简单的事实:当一个因果机制被概念化为由一系列干预变项组成时,测量干预变项的出现/缺失要比测量它们之间的联系容易得多。金、基欧汉和维巴（King，Keohane，and Verba 1994）以及其他人采用的对因果性的规律性理解强化了把分析焦点放在变项上而非它们的联系上的做法。[①]

其结果是，按干预变项来理解，最终使因果机制本身还处在"灰匣子"里（Bunge 1997；Mahoney 2001；Waldner 2012）。虽然机制已经半遮半掩，但从 X 产生 Y 的因果力量实际传递方式尚未被明确地加以研究（Bunge 1997）。瓦尔德纳甚至说"因为机制不是变项，它们才解释了变项之间的关系"（Waldner 2012：18）。此外，因果机制本身可以影响因果力量如何被从 X 传递到 Y，例如，通过机制放大 X 的影响。因此，机制不仅仅是干预变项的集合。

在罗萨托（Rosato 2003）的一篇批判性地检视民主和平论的文章中，可以看到流行的对因果机制当作干预变项理解的一个例子。他认为他在把将民主与和平连接起来的机制概念化，但随后又把一个机制描述为由问责制和群体约束这两个干预变项组成。问责制意味着如果政治精英采取不受欢迎的政策，那么他们将被投票赶下台。该模型中，领导人被理论化为对国内反战群体的愿望特别敏感，从而从群体中出现一种影响领导人参战能力的约束（Rosato 2003：585）。这个理论如图 3.4 所示。

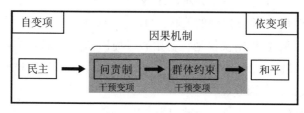

资料来源：绘自 Rosato 2003。

图 3.4　因果机制界定为一系列干预变项

[①]　当因果机制被理解为一套干预变项时，这就不是过程追踪了，因为这样的研究路径是基于对因果关系的概率论理解。以概率论本体论视之，则理论只能在总体层面加以评估。如果机制被概念化为一套干预变项，则它也能在总体层面加以分析。然而，当机制照此方式概念化时，我们认为我们所研究的并非因果机制，而仅仅是 X 和 Y 之间规律性联系的模式罢了。

但是,通过一种机制传递以产生结果(和平)的实际因果力量却没有被分析到;实际上,它们被框进了"灰匣子"。问责制和群体约束都被理论化为与和平有关联,但这种概念化使我们无法分析民主是"如何"产生和平的,因为干预变项之间的因果联系没有被明确地理论化。相反,分析者只能测量干预变项的出现/缺失,以及每个干预变项与结果(Y)之间的协方差。如果存在强有力的证据,分析者可以首先推断干预变项出现。如果发现每个干预变项都出现了,就可以通过推断理论化机制的出现来实现进一步跳跃。但必须强调的是,我们并不是在研究民主如何产生和平,而只是在测量一系列共变关系。

我们同意像班尼特(Bennett 2008a)和瓦尔德纳(Waldner 2012)这样的社会科学家的观点,他们认为我们应该认真对待过程追踪之中因果性的机制论理解的独特本体论属性。这种理解在方法论上有重要益处,因为将机制作为系统加以概念化将引向经验分析,从而更加明确地聚焦于产生结果的 X 和 Y 之间的因果联系,这样才能够得出更有力的个案内推论。

机制论理解涉及尽可能多地打开因果性的黑匣子(Bennett 2008a;Bhaskar 1978;Bunge 1997;Glennan 1996)。机制不仅仅是一系列干预变项。相反,无论对于整个机制还是每个单独部件来说,机制都是不变的。要么机制的所有部件都出现,要么机制本身不出现(Glennan 2005:446)。

将机制作为一个系统加以理论概念化与将之视为由若干干预变项组成的看法之间的差别如图 3.5 所示,在前述民主和平论例子中所描述的相同的机制换用系统的方式加以概念化,即通过一系列机制部件之间的相互作用产生结果。每个部件由介入活动的实体组成。在本例中,没有将机制概念化为两个干预变项(问责制和群体约束),而是通过聚焦于构成这一简单机制两部件的两个实体(自由派群体和政府)及其活动("鼓动"和"回应")把它进一步展开。每个实体都可以被认为是一个齿轮,其活动则是将因果力量传递到机制下一部件的运动。

该机制的部件 1 是自由派群体在政府面前鼓动反战,部件 2 是政府通过采纳带来和平关系的安抚性外交政策来回应这种鼓动。这两个部件共同构成了简单的理论化因果机制。在图 3.5 中，我们看到从事这些活动的实体通过机制传递因果力量，首先是"自由派群体"，然后是"政府"。对这一机制的后续过程追踪研究将检验在给定的适当选择的个案之中，该机制的假设部件是否会出现。

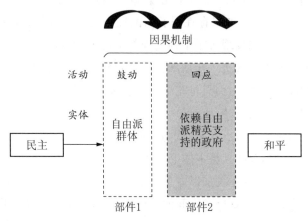

图 3.5　民主和平论因果机制示例

通过明确地对产生变化的活动进行概念化，因果机制的机制论研究路径将我们的注意力吸引到把因果力量从 X 传递到 Y 的行为和活动上，也就是说，机制如何产生结果以及机制起作用的处境。如果我们能够在理论检验中证实一个假设的因果机制的存在，我们就有了强有力的证据来表明理论化的因果机制部件是如何产生 Y 的，以及 X 和 Y 是如何通过该机制产生因果联系的（Bunge 1997，2004）。从这些方面理解机制使我们能够捕捉到因果力量通过某一因果机制传递从而产生结果的过程，而当这些机制被理解为事件或干预变项时，因果力量就被装进黑匣子或灰匣子里无法呈现出来了。

3.3.3　机制是否仅在微观/行动者层面？

在机制是否总得简化到微观层面（Hedström and Swedberg 1998），还是说也有不能简化到微观层面的宏观层机制（Bunge 2004；Mayntz

2004；McAdam，Tarrow，and Tilly 2001)的问题上，社会科学哲学家看法不一、争论不休。我们应该把每一个因果机制简化到微观层面，调查个体的行为，还是说存在具有宏观层面属性的因果机制呢?

为引入因果机制层次的争论，赫斯特洛姆和斯威德伯格提供了一张很有帮助的图，展现了分析层次问题上的争论如何与因果机制研究联系起来(Hedström and Swedberg 1998：22)(图 3.6)。然而，他们秉持一种不存在纯粹宏观层面机制的极端立场。乔治和班尼特的观点相似，他们认为机制是"具有因果能力的能动者运作的过程"(George and Bennett 2005：137)。他们进而把机制定义为因果关系的微观基础，涉及"一个实体和另一个实体之间不可简化的最小联系"(George and Bennett 2005：142)。

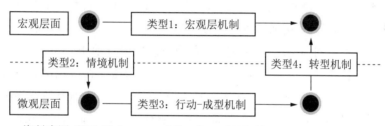

资料来源：基于 Hedström and Swedberg 1998：22。

图 3.6 因果机制的层次

在我们看来，这种观点不必要地将过程追踪方法的运用局限于纯粹微观层面的考察，通常是在个体行动者及其在特定决策过程中的行为层次上。然而，我们想要研究的许多最有趣的社会现象，比如民主化，并不能单纯从行动者层面进行有意义的简化，反而在某些情境中，可以从宏观层面进行更好的经验分析(McAdam，Tarrow，and Tilly 2001)。鉴于这个难题实质上是能动者和结构之间的经典争论，我们主张采取一个不可知论的和务实的中间立场，选择在哪个层次上进行理论化取决于在哪个层次上对理论化的因果机制存在的影响进行研究最好。机制可能在不同分析层次上存在或运行，我们不应该认为某一层次比另一个层次显得更为基本(Falleti and Lynch 2009：1149；George and Bennett 2005：142—144；Mahoney and Rueschemeyer 2003：5；

McAdam，Tarrow，and Tilly 2001:25—26)。

宏观层机制是不能简化为个体行动的结构性理论(类型 1)。许多社会学家主张，寻找行为的微观层次基础是徒劳的，人类能动者的能力很大程度上来源于其在社会中的地位(结构)(Mahoney 2001；McAdam，Tarrow，and Tilly 2001；Wight 2004)。社会世界中许多重要的因果机制可以说是宏观层面的现象，这些现象是"由个体共同创造的，但不能归结为个体"行动(Sawyer 2004:266)。索亚将之称为"涌现"这一概念，意味着宏观层机制有其自身的存在，且具有无法简化还原到微观层面的属性。制度角色、规范和关系结构可以对行动者的行为发挥重要作用，机制可以具有结构属性，这些属性不能单纯通过参照个体能动者的原子化特性来界定(Sawyer 2004:266)。例如，国际关系中的系统层次理论包括了新现实主义，其中沃尔兹(Waltz 1979)将均势机制理论化，认为它仅仅是宏观层面因素的产物。

三种不同类型的机制与能动者的微观层面行动相联系，其中两种机制将宏观层面属性与微观层面行动结合起来。在微观层面有行动-成型机制(action-formation mechanism)(类型 3)，或如赫斯特洛姆和于利科斯基名之曰"结构个体主义"，所有的社会事实，它们的结构和变化，原则上是可以通过分析个人、他们的属性、行动以及彼此的关系加以解释的(Hedström and Ylikoski 2010:59)。纯粹微观层面的理论涉及个人的兴趣和信念如何影响他们的行动，以及个体之间如何互动(类型 3)。然而，这并不意味着行动者必定是个体。社会科学与许多形式的集体行动者一起运作，这些集体行动者也被当作个体看待，最勇敢地抓住这一点的例子是温特所讲的"国家也是人"(Wendt 1999:194)。纯粹微观层面理论的一个例子是科尔曼(Coleman 1990)的以理性选择为基础的社会行动理论，其中甚至利他主义这样的行动也仅仅被简化还原为个体的自利动机(在长期迭代博弈中对互惠的渴望)。

情境机制(situational mechanism)连接了宏观层面与微观层面(类型 2)。情境机制描述社会结构如何约束个体行动以及文化环境如何塑造个体欲望和信念(Hedström and Swedberg 1998)。宏观-微观层面机制的例子包括行动者遵从内嵌于宏观层面(结构层次)规范的各种建构主义理论。

转型机制(transformational mechanism)描述个体通过自己的行动和互动,产生各式各样有意的和无意的宏观层面社会结果的过程(类型4)(Hedström and Swedberg 1998)。这种微观-宏观层面机制的一个例子或许是社会化过程,行动者通过他们的互动在宏观层面创造新的规范。另一个例子来自博弈论,在囚徒困境这样的情境中,个体行动创造了比如公地悲剧这样的宏观层面现象。

对于因果机制应该在哪个层次进行理论化,没有单一的正确答案。在此,我们主张一种务实的研究路径。有些社会机制,其可观察到的影响在宏观层面上能加以最好的理论化和测量。因此,我们同意斯廷奇库姆的结论:

> 如果在集体或结构层次上有关于变化差异的丰富信息,而个体层次的推理(1)没有实质性的独立经验支持,以及(2)在结构层次上加不进可以独立验证的新预测,那么在(个体层次)机制层面上进行理论化就是浪费时间。(Stinchcombe 1991:380)

此外,通过将宏观层机制与其微观层面组成部分分离,我们面临着无限回归的风险。金凯德说得很好,如果我们想研究两个宏观层面因素之间的联系机制,"我们需要着落在小群体层面还是在个体层面?如果是后者,为何止步于此?例如,我们可以一直追问是什么机制引发了个体行为。所以我们开始寻找神经学机制,然后是生物化学机制,等等"(Kincaid 1996:179)。如果我们沿着这条路走下去,结果反倒是,少了大量荒唐的信息,就提不出什么因果主张了(Steel 2004)。

本书所提倡的务实中间立场指出,机制可以假设既存在于宏观层面也存在于微观层面,还有跨越这两个层次的机制(情境机制和转型机制)。在过程追踪中因果机制理论化的层次选择取决于对某一给定因果机制的经验表现进行最佳研究的层次的实用关切。如果一个给定机制最强有力的检验在宏观层面上是可能的,那么它就该在这个层次上被理论化和进行经验研究，而如果经验表现在微观层面上被更好地观察到，那么我们就应该在这个层次上对我们的研究进行概念化和操作化。

3.3.4 我们能观察到因果机制吗？

我们可以直接测量机制，还是只能通过它们可观察到的影响来推断它们的存在？许多学者认为因果机制是不可观测的。例如，乔治和班尼特假定机制是"最终不可观测的物理、社会或心理过程，具有因果能力的能动者通过这些过程行事"（George and Bennett 2005：137）。赫斯特洛姆和斯威德伯格（Hedström and Swedberg 1998）主张因果机制仅仅是分析性构造物，并非某个真实世界之中的存在。

与此相反，另一些学者认为，机制的各个部件应当被理解为具有"某种稳健性和现实性，除了它们在该机制中的位置之外"（Glennan 1996：53）。用邦格的话说，"机制不是推理的碎片，而是现实世界的家具碎片"（Bunge 1997：414）。雷斯金（Reskin 2003）认为我们只能通过调查可观察到的因果机制来回答结果如何产生的问题，从而排除了许多认知上的和宏观层面的机制。

与机制分析的层次问题一样，对这个问题的完整回答将涉及一场本书范围之外的冗长的哲学讨论。我们这里的立场是务实的：我们同意像邦格和格伦南等科学实在论学者的观点，即我们的抱负应该是尽可能接近于测量潜在的因果机制，但由于理论上和经验上的原因，这一理想可能无法实现。

某些类型的因果机制能以允许对实际机制进行相当切近的观察，并在存在大量证据的情况下使我们能够相当切近地加以测量的方式被概念化和操作化。例如，欧文（Owen 1994，1997）对一种民主和平机制加以概念化和操作化，经验检验的结果非常接近于直接测量该机制（参见第5章）。另外一些类型的因果机制，比如处理小群体决策中一致性压力的群体思维机制，本身就如此复杂，且涉及与接触机密文件有关的难以测量的事项以及与测量社会心理因素有关的问题，因此我们只能通过可见影响的代理(指标)来间接地测量这一机制(参见 Janis 1983)。

在接受因果机制可被观察到和不可被观察到的不同理解之间进行选择有什么方法论意涵? 如果我们相信机制可以被相当直接地观察到,那么当我们操作化某一机制时,我们的目标是检查该机制应在经验记录之中留下的指纹。相反,如果我们相信机制最终是不可被观察到的,我们则应转而从机制可能留下的可观察到的影响方面来思考问题。实践中,这两种立场在操作化的形式上殊途同归(参见第 6 章)。

下一章将转向讨论更有实践性的问题,即因果机制理论。

4

与因果机制理论共事

理论概念并非不言自明。将 X 和 Y 之间的关系因果理论化的因果机制亦非不证自明。相反,因果理论需要加以转化,以便提供一个清晰的假设机制,描述某一类结果是如何产生的。因此,在将理论概念和因果机制应用于过程追踪分析之前,需要仔细定义它们。虽然有许多关于政治学概念化技术的方法教本,但在我们运用过程追踪法时,现有的指导方针并不总是适用。[①]本章对现有的指导方针进行调整,以分别适用过程追踪的三种变体。

我们从讨论过程追踪法三种变体所面临的一些共同挑战开始。首先,我们讨论概念应当如何概念化,指出用集合论术语来定义关键概念比把概念视为变量更适合于过程追踪。然后,我们来详细阐述因果机制三种变体中共享的理论元素,特别是,需要详细说明由参与活动的实体组成的机制的每一部件的内容。活动在过程追踪中被明确概念化,以捕捉到因果力量是如何通过因果机制传递从而产生结果的。我们之后将讨论因果机制在四种理论解释中的差异、它们运作的分析层次、处境特殊性的程度,以及它们在什么时间跨度内被理论化为起作用。

第4.2节要说明在过程追踪的三种变体——理论检验、理论建构和解释结果之中,与理论共事时各自所面临的具体挑战。我们将表明,理论检验型过程追踪的概念化阶段主要涉及演绎任务,即运用现有理

---

① 好的导引介绍,参见例如 Adcock and Collier 2001;Goertz 2006;King, Keohane, and Verba 1994。

论化成果充实 X 和 Y 之间的因果机制,而理论建构则是从对经验材料更为归纳性的分析中得出理论。相反,在解释结果型过程追踪之中概念化是个持续的和迭代的过程,涉及多个阶段的证据分析和理论重构(参见第 2 章)。

4.1 三种变体共有的挑战

4.1.1 定义关键概念

任何研究设计的关键都是对构成理论命题基础的核心概念下定义。阿德考克和科利尔(Adcock and Collier 2001)把这称为将抽象理论概念转化为他们所言的"系统化概念"(systematized concepts)。大多数重要的理论概念是有争议的,具有多重似是而非的含义,而且在抽象层次上它们往往相当含糊不清。因此,我们需要清晰的系统化定义,区分概念中包括什么、不包括什么,以便我们在看到它时就能知道指的是什么。

界定系统化概念不是个"随遇而安"的过程。对于大多数概念而言,大量的理论工作描述了此概念应该包括什么、不应该包括什么,我们系统化的概念应忠于这一工作(Adcock and Collier 2001:532)。概念化涉及界定一个概念的构成维度以及它们之间的相互关系(Goertz 2006)。例如,民主的系统化定义可以包括公民权利和竞争性选举两大特征。这些次级特征显然不应相互排斥。同样重要的是,在定性个案研究如过程追踪之中,概念的形成关注个案的细节,从而产生了比大样本分析之中通常所用的外延范围更窄、更加就事论事的概念定义(Ragin 2008:78—81)。

在如何定义概念上存在重要的区别,取决于概念是被视为变项还是条件。在金、基欧汉和维巴提出的理解之中,理论概念就是变项。然后因果关系以一个自变项(X)(或变项集合)被理论化为使依变项(Y)

的变化的方式表述出来(King，Keohane，and Verba 1994)。这类理论通常描述一种概率论因果关系，其中 X 的增加提升了 Y 在某一给定个案中发生的概率(Gerring 2005：167)。术语"变项"意味着它们必须能变起来。如果我们将民主概念化为一个变项，那么我们还需要考虑民主是一个二分变项(民主-独裁)还是一个定距尺度的变项[例如，在"政体"数据库的民主测量中是从 0 到 7(Marshall and Jaggers 2002)]。这意味着，当把概念看作变项时，我们需要界定正极(完全民主)、负极(独裁)以及中间连续统的测量尺度(例如，二分、定序、定距或连续)(Goertz 2006：35)。在"政体"数据库测量中，构成正极(民主)的各种特征与定义负极(独裁)的另一组特征并排摆在一起。

我们认为，与将概念理解为变项相比，过程追踪法更接近于向集合论中使用的条件概念化做法看齐。集合论因果关系描述了一个因果条件(或条件集合)对于结果的发生是必要的和/或充分的。[①]集合论因果关系通常用比较法来研究。例如，在比较了构成社会革命集合的所有个案后，斯考切波得出结论：农民乡村自治是社会革命发生的一项必要因果条件(Skocpol 1979：112—154)。

在分析集合论关系时，焦点不在于界定概念的全部变异性(程度上的差异)，而在于界定概念本身及其负面状态(即，这个概念出现还是不出现——属类上的差异)。例如，如果我们把民主概念化为一项必要条件，那么我们需要对正极(民主)有个完整的定义，但是负极(独裁)就不必以同样的方式来定义了，因为只有民主的出现或缺失才受到考察。如果我们正在研究民主和平机制，我们感兴趣的是研究民主及其对和平的影响(结果)。负极(独裁)是分析上不相干的，因为研究独裁并不能告诉我们任何有关民主是如何产生和平的信息。在此，我们将民主概念化为有两个极点：与民主相关的特征，以及第二个极点即"(民主)缺失"被定义为除了民主的任何东西。结果被以同样的方式进行概念化，焦点放在概念及其出现或缺失上，并将负极界定为结果的缺失。

---

① 正如之前第 3 章中讨论的，这两者也有变体，比如 INUS 条件(非必要但充分条件的个别的必要部分)。

相反,在解释结果型过程追踪之中,结果并不被界定为一个理论概念(一个关于⋯⋯的个案),而是待解释的历史事件(例如古巴导弹危机或法国大革命)。

当我们作过程追踪时,我们需要仔细定义某个概念及其缺失,但是我们不需要同时包括正的(民主)和负的(独裁)两极以及中间连续统的性质。因此,过程追踪中概念的定义通常更接近于集合论中概念的界定方式,我们感兴趣的是概念是否出现。而将概念界定为变项则会引入多余的元素。

为了选择研究个案,在一些研究情境中,有关某一原因或结果多大程度上是某一概念集合一部分的信息可能是相干的(参见第 8 章)。近来开发出来的集合论方法,例如模糊集定性比较分析(QCA)已经打开了研究两造属类差异的可能性,即界定为隶属(membership)或不隶属于某一概念,以及隶属度或非隶属度上的差异,从完全隶属排到"居其内多于在其外"(more in than out)(Ragin 2000,2008)。例如,当我们选择一个最有可能的个案时,找到一个理论化的原因和结果都出现(属类上的差异)的个案可能是有意义的,而一个原因和结果在概念集合中具有高隶属度的个案也是有意义的。相反,最不可能个案将涉及一个原因和/或结果仅仅是居其内多于在其外,这意味着它们只不过处于该概念集合的边缘罢了。

概念并非脱离理论,而是理论的内在组成部分(Goertz 2006)。这一观点对过程追踪有若干意涵,因为初始原因(例如民主)应该以包含与因果机制因果上相干的特性的方式加以概念化。如果我们想研究民主和平论命题,我们的民主定义(X)应该包括导向有助于产生 Y 的机制的那些特征。例如,欧文将民主(自由民主)定义为"自由主义意识形态占主导地位的国家,并且,无论法律上还是实践中,以自由讨论和定期的竞争性选举为特色"(Owen 1994:102)。所有这些特征都与他的理论化机制有联系(Owen 1994:Chapter 5)。换句话说,以这种方式对民主加以概念化抓住了因果力量是如何从 X 传递到因果机制本身的。

与此同时,重要的是要尽可能对内嵌在关键概念定义中的因果假说有自觉认识（Goertz 2006：65—66）。格尔兹建议，当在过程追踪中作概念化时，应该"在将假说硬接线到概念之前思考再三。通常情况下，硬接线会使下一步检验假说变得困难，而且在收集数据时经常会引出麻烦……尤其要避免运用依变项一方的概念来让假说起作用……该现象的潜在原因几乎总应该排除在概念本身之外"（Goertz 2006：66）。如果以这种方式定义结果，那么一个理论命题就可能成了自我实现的预言。

4.1.2　把因果机制当回事的意涵——将因果力量概念化

在过程追踪中，我们不仅对 X 和 Y 进行理论化，我们还理论化了它们之间的机制。这样做涉及界定更多的 X 和 Y 之间所有部件所涵盖的理论概念。用这些术语进行概念化使我们能抓住被理论化的过程，在此过程中，因果力量通过因果机制加以传递以产生结果；而无论频率论的还是集合论的因果理论化工作，力量都被关在黑匣子里。例如，卡西拉斯、恩斯和沃尔法斯（Casillas，Enns，and Wohlfarth 2009）就公众舆论（X）对美国联邦最高法院（Y）的判决产生的影响提出了一项因果理论。然后他们收集数据，使他们能够检验公众舆论变得更自由，是否司法判决也会跟着更自由，然而连接 X 和 Y 的因果机制在分析中隐匿不显。相反，研究因果机制得要求描述引起因果机制和结果的因果条件，以及描述产生结果的 X 和 Y 之间的理论机制。对公众舆论与最高法院判决之间被理论化的关系进行过程追踪分析，得分析一种因果机制，它对公众舆论在法官面前变得重要的过程以及法官如何、何时感知到公众舆论的转换并作出回应进行理论化。

因果机制的每个部件都应被概念化为由从事活动的实体组成，如图 4.1 所示。实体参与活动（机制的各个部件，即齿轮），而活动则是变化的生产者，或者是通过机制传递因果力量的东西（齿轮的运动）。实体可以是个人、群体、国家、阶级或结构性现象，具体取决于理论的层次。实体的理论性概念化使用名词，而活动应包括动词，用以界定通过该机制的因果力量传递者。用社会科学的术语来说，社会实体具有的因果力量,可以被理解为"在适当的先决条件下产生某种特定结果的能力"(Little 1996:37)。

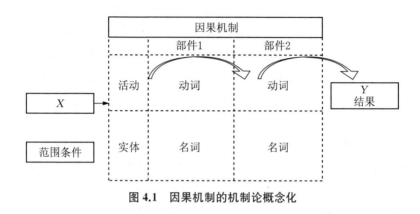

图 4.1 因果机制的机制论概念化

在对机制进行概念化时,每个部件都应被视为整体中单个不充分但必要的部分(参见第 3 章)。部件在产生 Y 时并不独立存在;它们是生产 Y 的"机器"不可分割的组成部分。以因果机制的一个部件来理解,缺了动力传动系统或车轮,汽车发动机本身无法产生向前运动。以此方式理解,机制部件的必要性在我们的理论发展过程中具有重要的规束作用,而多余的部分则应该从模型中消除掉。

通过把产生变化的活动明确加以概念化,因果机制的机制论研究路径将我们的注意力吸引到了将因果力量从 X 传递到 Y 的行动和活动上,也就是说,机制如何产生结果。如果随后我们能够以具有合理的确定性程度的过程追踪来确认假设的因果机制,则我们就搞出了强有力的证据来表明被理论化的因果机制各部件如何产生了 Y,并表明 X 和 Y 通过该机制因果性地联系起来了(Bunge 1997,2004)。

将机制清楚地分解为由从事活动的实体组成的部件,应该说是理想的典型概念化,往往在实践中无法实现。例如,在概念化过程中,我们不是总能捕捉到机制每个部件的实体活动,尤其是在宏观层次上进行理论化时,很难对结构性"活动"进行概念化(对与研究结构相关的一些挑战的详细讨论,参见 Wight 2006)。

理论检验型和理论建构型过程追踪试图进行一般化概括,旨在发展和检验超出其提出背景的理论，而解释结果型过程追踪则聚焦于对特定个案进行最低限度的充分解释。当我们将因果机制概念化时，这一区别很重要，因为它决定了我们理论中包含的部件的类型。在以理论为中心的研究中，只有超越特定个案、对整个现象的总体有因果影响的系统性部件才被纳入理论模型。[①]例如，在欧文对民主和平机制的研究中，所调查的现象是民主对国家战争倾向的影响（参见第5章）。许多学者认为该理论命题（民主的和平）近乎有普遍性，适用于几乎所有时间和地点。理论建构型过程追踪试图跟踪 X（或一组 X）有助于产生结果的机制。例如，经济发展促进民主变革的机制是什么？这两个概念都需要仔细界定，包括对理论命题涉及的范围要仔细思考。研究抱负是要揭示一项宽泛的理论机制，还是更有限的命题（例如适用于过去50年的东亚）？

相反，解释结果型过程追踪始于定义感兴趣的特定结果。这里的焦点不是为了检验或建构理论命题，而是结果本身。法国大革命本身就是一个重要的结果，又是具有本质上历史重要性的后果。然而，即使在这儿，也必须仔细考虑个案的结果，以便能够利用现有的理论作为对结果进行充分解释的出发点。例如，法国大革命可以被视为"社会革命"或"政治革命"理论性概念的案例，这使我们能够利用一系列现有的理论工具，在作了初步分析之后，以新的假说加以补充（有关解释结果型过程追踪的更多讨论见下文）。

解释结果型过程追踪之中将包括非系统性的、就事论事的机制。可以举一个就事论事的机制的例子，描述恶劣天气如何在一次具体选举中压低了投票率——一项对于理解具体结果可能至关重要，但也许不具有系统性的、跨个案影响的机制。通常，在解释结果型过程追踪研究中，如果不纳入某些在个案中尤为重要的非系统性的、就事论事的部件，我们就无法建立起最低限度的充分解释。例如，如果不抓住国大党

---

① 在定性个案研究中，进行一般化概括的野心有明确的界限。定性学者强调基于大量就事论事的知识形成的理论命题的具有处境依赖的性质，因此通常会作更为有限的、处境特定的一般化概括（Munck 2004）。有关政治现象的不同形式处境的更多信息，参见 Goodin and Tilly 2006。

的作用，我们就无法完全解释印度的民主化（Mahoney 2008：416）。然而，该党在印度政治中所扮演的角色是独特的：一个群众吸纳型政党（mass-incorporating party）在其他处境下有其他影响。因此，国大党所扮演的角色是该解释中就事论事的、非系统性的部件。

4.2　因果机制的不同类型

尽管将理论命题作为因果机制加以概念化应包含某些共同元素，但它们在理论解释的类型、分析层次、机制范围条件的广度（从适用于跨时空的"普适"机制到适用于解释特定结果的机制），以及时间维度等方面也将有所不同。

4.2.1　不同类型的理论解释

典型的因果机制所包含的元素有所不同，具体取决于理论解释的类型。帕森斯（Parsons 2007）区分了社会科学中四种类型的解释：结构性的、制度性的、理念性的和心理性的。在本章中，我们聚焦于不同类型解释的概念共性，以它们共同的"建构砖块"的方式来加以考虑。例如，与理念性机制相区别的制度性机制有自己的共同的建构砖块。第 6 章则要讨论当我们进行经验检验时，这些不同类型的解释各自面临的挑战。

结构性因果机制聚焦于行动者周遭的物质环境所造成的外在约束和政治行动机会（Parsons 2007：49—52）。结构性机制的建构砖块包括某些偏好和给定的物质结构如何指示观察到的行为（或更宽泛地说，创建结构性约束和激励的模式）（Parsons 2007：65）。结构性机制的另一个建构砖块是，将行动理论化为理性过程（Parsons 2007：52）。为了使结构产生影响，行动者必须以可预测的（理性的）方式对其结构性位置作出反应（Parsons 2007：52）。

有关美国背景下选举重新站队的理论化中，可以找到一个结构性机制的例子，国会和地方层次选举中的重新站队被理论化为人口因素变化和其他缓慢改变的结构性机制的产物（Miller and Schofield 2008）。

制度性机制与结构性机制不同，制度是人定的，因而可以被操纵。可以将制度定义为"正式或非正式的规则、惯例或实践，以及这些时而表现为群体行为模式的组织性表现形式"（Parsons 2007：70）。典型的制度性机制处理主体间存在的某些制度如何在无意之间将行动者引往特定方向。制度性机制的确切内容取决于其所应用的制度理论不同亚类型之中的哪一种：社会学制度主义机制以规范和制度文化作为共同的建构砖块；理性主义注重制度诱发的均衡；历史制度主义以捕捉早期制度选择不可预见的后果的方式把制度概念化，优先考虑路径依赖和时间效应这些建构砖块。制度性机制的一个例子是斯特里克和西伦的分层机制，在这种机制中，逐步的修正和修订缓慢地改变了现存的政治制度（Streek and Thelen 2005：22—23）。

理念性机制共享的观点是，结果（至少部分地）是行动者通过某些理念元素解读其世界的产物（Parsons 2007：96）。在此，焦点不是结构或制度如何约束行为，而是理念如何以无法简化还原为行动者客观地位的方式发挥作用。共同的理论建构砖块包括这样一种看法，即行动反映了理念的某些元素，并且这些元素在一定自主度上是从预先存在的客观条件中浮现的（即理念不仅仅是结构的表现形式）。邝云峰（Khong 1992）提出的机制就是一个例子，该机制理论化了历史类比如何影响行动者解读世界的方式，使得某些外交政策选择比其他情况更有可能发生。

最后，心理性机制处理那些成为人脑本能，从而体现为行为规律的心理规则。共同的建构砖块包括对内部心理倾向如何及多大程度上与其他因素相互作用以产生行动的理论化成果。一个例子就是贾尼斯（Janis）的群体思维机制，将个人的先天社会需求加以理论化，提出一种受过早形成的共识主导而致决策过程不佳的机制。

4.2.2 不同分析层次、处境特殊性和时间条件

机制之间的另一个关键差别是将它们理论化为微观层面的、宏观层面的还是连接两者的。在第3章中，我们介绍了有关因果机制理论化之中分析层次问题上的争论，区分了纯粹宏观层面的、纯粹微观层面的（行动-成型机制）、微观-宏观机制（转型机制）和宏观-微观机制（情境机制）。我们在本书中所主张的务实持中立场指出，机制可以假设地存在于宏观或微观层面，或者可以跨越两个层次（情境机制和转型机制）。选择哪个层次分析某一因果机制，很实用地取决于在哪个层次上可以最好地研究被理论化的机制的经验表现。

差别的另一个维度涉及机制的处境特殊性程度，定义为给定机制发挥作用所必需的范围条件（Falleti and Lynch 2009；Walker and Cohen 1985）。处境可以定义为环境的那些相干方面，其中初始条件通过因果机制的运作而有助于产生有明确范围和意义的结果（Falletti and Lynch 2009：1152）。①

在界定处境时，首先，重要的是弄清楚正在调查的现象。换句话说，一个个案指涉的现象是什么，理论命题所指的个案总体是什么（Gerring 2007a）？理论机制的范围可以从非常宽泛的、类似定律的命题到仅适用于时空受限的一个狭隘的个案总体的有限命题，甚至是解释具体结果的原因的就事论事的机制。因果机制的适用界限需要通过界定预期该机制运作的处境来明确地加以理论化（Abbott 1997；Falletti and Lynch 2009）。是被理论化为跨时空广泛适用的一种因果机制，还是只在一个狭窄处境中适用，还是只不过就事论事？界定一种机制预期发挥作用的处境至关重要，因为将相同的因果机制置于两种不同的处境之中，能假设产生两种截然不同的结果（Falleti and Lynch 2009：1160）。

---

① 我们与法莱蒂和林奇（Falleti and Lynch 2009）意见相左，他们认为机制是概率论的理论。相反，我们同意马奥尼（Mahoney 2008）的观点，他认为在个案内分析中讲概率论理论几乎没有逻辑意义。某个机制要么出现，要么缺失。

最后，因果机制还根据产生结果的因果力量的时间长短和结果的时间长短而在时间维度上有变化。我们采用皮尔逊（Pierson 2003，2004）将因果理论中时间维度理论化的方式来把过程追踪中的因果机制理论化。

传统上，就原因、机制和结果，许多学者在短期范围意义上将因果关系理论化。邝云峰（Khong 1992）对类比推理在越战升级中对美国政府决策的影响进行的过程追踪分析，就机制和结果而言都是一个短期机制的例子。

然而，依据机制被理论化为起作用的时间长度以及结果涉及的时间范围，理论可能会有所不同（Pierson 2004）。递增因果机制只有长时期起作用之后，首先变得显著了，才具有因果影响。在阈值类型的因果机制中，在递增机制长时期发挥作用后，达到尖峰，此后结果才立即显现出来。例如，许多对于欧盟条约改革的分析都采用相对短期的视角，着眼于深化一体化的政府间大型谈判（例如，Dyson and Featherstone 1999；Moravcsik 1998）。另外一些采用历史制度主义式解释的学者则认为，这种快照式分析错过了一种"非正式宪制化"的制度机制重要的长期影响，该机制被理论化为行动者随时间的推移作出各种小决策逐渐积累的递增过程，这样就形成了一种结构，为政府决策提供了有利于一体化的处境（Christiansen and Jørgensen 1999；Christiansen and Reh 2009）。

表 4.1　因果机制的时间维度

		结果的时间长短	
		短期	长期
机制产生结果的时间长短	短期	常规 "像旋风一样"	累积的效果 "陨石/灭绝"
	长期	阈值 "像地震一样"	累积的原因 "全球变暖"

资料来源：改编自 Pierson 2003：179，192。

此外,可以得出这样的理论:因果机制的结果可能会在一段更长的时期内首先变得明显(Pierson 2004:90—92)。在坎贝尔(Campbell 2005)的工作中就能看到一个例子,他在对全球化(X)与制度变迁(Y)的分析中主张制度变迁并非总是不证自明的。不同形式的制度变迁被理论化为根据其时间跨度而变化,包括:由单一路径上的一些小的递增步骤构成的演化性变迁;断续式均衡,即长期没有任何变化,接着则是一个相对迅速和深刻的制度变迁时期;以及断续式演化,即将两种形式的变化(长期的演化变迁继之以快速的改变)结合在一起(Campbell 2005:33—35)。

因此,重要的是,对机制作用中涉及的时间维度以及结果如何表现出来进行明确的理论化。更长期的机制看起来与短期机制有很大差别;尤其是,与短期机制相比,这些差别表现为递增的长期机制预期会呈现的可观察到的影响类型(参见第 6 章)。在一种递增机制中,只有当人们知道自己在寻找什么时,我们才能期待微小的、几乎不被注意到的经验痕迹会显现出来。

阈值机制也难以进行经验性的研究。在这种类型的机制中,只有极少的可观察到的证据可用,直到该机制达到尖峰之后才会出现非常突然的发展(结果)。这种机制可能会被误认为是短期机制,而错误地将短期机制产生的结果加以理论化会导致我们错过对产生结果最重要的长期的、递增的过程。

现在我们转而讨论过程追踪研究策略三种变体中各自所涉及的与概念化阶段有关的挑战。

4.3 理论检验型过程追踪

在理论检验型过程追踪中,我们既知 X 也知 Y,并且我们要么对某个貌似有理的机制有现成的推测,要么能从现有的理论化做法中相对轻松地演绎出一个。如果一个因果机制被理论化为要求 X 和 Z 都起作用,则在概念化时应同时包括这两者。这可以写作$(X+Z)\rightarrow$机制$\rightarrow Y$的形式。在本节其余部分,我们将讨论因果机制具有单因起点(只有X)的更为简单的情形。

理论检验过程追踪中的概念化起自一项演绎练习。运用逻辑推理,我们提出了一个貌似有理的因果机制,其中X有助于产生Y,以及我们期望它在其中起作用的某一处境。在实践中,理论检验具有许多归纳性元素——例如,当我们就如何充实机制中的逻辑步骤以将($X\rightarrow Y$)因果理论转换为因果机制找点子时,得回顾现有的经验研究。

充实因果机制所必需的逻辑工作量取决于现有的理论是用纯粹的相关性($X:Y$)方式表述的,还是用X和Y之间貌似有理的若干因果连接(例如干预变项)表述的,或者是用成熟的因果机制来表述的。最常见的情形是我们知道X和Y,但是X产生Y的过程(即因果机制)尚未被明确加以概念化。例如,在影响因子最高的三份政治学期刊中,从2005年到2010年,实际上只有不到10％的文章在其因果命题理论化过程中提及了"机制"。①

即使在先前的研究中已经建立了因果机制,我们也需要确保以明确捕捉到因果力量通过机制来传递的方式对它们进行概念化。尽管使用了术语"机制",但大多数研究仍被概念化为一系列干预变项,其中因果力量的传递没有明确地被理论化(另见第3.3节)。例如,芬克尔、佩雷斯-利南和塞里格森(Finkel, Pérez-Liñan, and Seligson 2007)对他们所称的因果机制进行了概念化,将外部大国通过对外援助促进民主(X)与受援国的民主变革(Y)联系起来。然后,他们描述了外国援助的间接机制和直接影响机制。为了说明白,我们仅聚焦于直接影响机制,并指出间接影响机制也受到同样的概念问题困扰。直接影响机制表述如下:

①　我们选择了三份顶级期刊,这些期刊发表涉及各种实质性话题的文章,并使用多种方法论路径,并且在JCR引文排名中影响因子部分排名始终保持较高水平。这三份期刊是《美国政治科学评论》(*American Political Science Review*)、《世界政治》(*World Politics*)和《美国政治学刊》(*American Journal of Political Science*)。我们用字符串"mechanism＊"搜索了2005年至2010年每期中每篇文章的全文。

相比之下,有针对性的民主援助旨在教育选民并赋予他们权力,支持政党、工会和妇女的倡议网络,加强人权团体,或者以其他方式组建"改革支持者";因此,它试图在短期和中期影响民主结果。(Finkel, Pérez-Liñan, and Seligson 2007:410)

尽管这种概念化描述了机制的第一部件(从援助到改革支持者),但它没有明确地把改革支持者如何产生民主变革加以理论化。取而代之的是,它仅假定一个条件(改革支持者的存在)潜在地充当了可以产生民主变革的干预变项。对 X 有助于产生 Y 的因果力量起作用的途径缺乏概念化的分析后果是,他们的经验分析仅考察了输入端(外国援助)和输出端(民主变革),而没有调查将 X 和 Y 连接起来的理论性过程。

我们认为,如果学者要认真研究因果机制,那么他们需要以一种使我们能够研究 X 和 Y 之间发生了什么的方式来把机制概念化。对芬克尔、佩雷斯-利南和塞里格森而言,可以通过对外国民主援助能合理地影响民主结果的理论性过程作逻辑博弈建模,将该机制重新概念化,同时对民主援助如何组建改革支持者(部件 1),以及之后这些选民如何对政府施压、要求政府参与民主改革(部件 2)进行更明确的理论化。以这种方式对机制进行概念化将迫使我们用经验证据调查该机制黑匣子中被理论化为将 X 与部件 1、部件 2 以及结果联系起来的过程。

为给定的理论化因果关系概念化合理的因果机制,一个很好的起点是从对现象的现有理论化工作的透彻阅读开始。评论文章通常特别有用,同行评审期刊文章和书籍中对工艺现状的描述也是如此。重要的是要注意,这样的阅读应尽可能穷尽所有内容。在对比如欧盟委员会之类非国家的超国家行动者可以在欧盟谈判中行使政治权力的机制进行理论化时,莫拉夫茨科(Moravcsik 1999)不仅纳入了对这一现象本身的理论研究,而且通过从一般讨价还价理论、国际关系理论,以及美国政治和比较政治理论中汲取灵感来广泛撒网。

下一步是对假设机制的不同步骤进行博弈建模,填充 X 和 Y 之间的点以详细说明它们之间的螺母、螺栓、齿轮和轮齿。一种起步方法是

绘制 X（或一组 X）和 Y 之间合理连接的思维导图，用方框表明该机制的每个部件。每个部件不足以单独产生结果，但是所有这些都是必要的。特别是，我们必须聚焦于将实体及其活动概念化。实践中，我们不能总做得到，尤其对于宏观层面机制而言，结构性实体的活动并不总是不证自明的。

4.3.1 示例：莫拉夫茨科对欧盟谈判的研究和盖奇乌对规范的研究

在莫拉夫茨科的研究（Moravcsik 1999）中可以看到如何用理论检验型过程追踪把机制概念化的例子。尽管莫拉夫茨科将其制度性机制的各个部件叫作"变项"（自变项、干预变项和依变项），但鉴于干预变项不独立存在，而只是作为理论化机制的部件才有意义，因此把它们当作因果机制部件更有理论意义，它们中的每一个都是对谈判结果产生超国家的影响（Y）所必需的（Moravcsik 1999：275）。此处的机制是根据参与活动的实体来描述的，尽管活动也可以采取不活动的形式（见图 4.2 中的部件 1；其中实体带下划线，粗体字表示活动）。X 是超国家行动者（欧盟委员会）的活动，它通过超国家创业（supranational entrepreneurship）因果机制产生超国家影响，该因果机制概念化为四个部件组成，每个部件可被认为是该机制单个不充分但必要的部件。

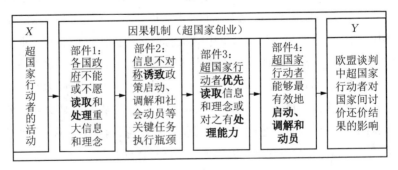

资料来源：基于 Moravcsik 1999：275。

图 4.2　超国家行动者如何能影响欧盟谈判的机制

重要的是要考虑该机制的多少部件在逻辑上是必需的。当我们从事理论检验型过程追踪时,应使给定的机制尽可能地简约。但与此同时,X产生Y的过程需要避免出现大的逻辑缺口。就芬克尔、佩雷斯-利南和塞里格森的研究而言,改革支持者与结果(民主改革)之间存在着重大缺口,应该从理论上补充机制部件来填补缺口。

在盖奇乌的研究(Gheciu 2005)中有因果机制的另一个例子,她开发出了两个理念性因果机制,从而把北约这样的国际制度的活动作为制度(X)对国家行动者接受制度规范的社会化过程(Y)的影响。盖奇乌借鉴了几个不同领域中的现有理论,提出了两种可以产生社会化的不同理论性机制:说服和教授。盖奇乌通过发展说服机制在理论上起作用的范围条件来完善因果关系,随后又详述了一个简单的两部件理念性机制,其中(1)进行说服的行动者运用论证使其他行动者重新思考其结论,以及(2)行动者试图把给定的行动过程教成"要做的正确的事"(Gheciu 2005:981—982)。

对机制进行理论化时,重要的是要牢记该理论应该在内部保持连贯一致,这意味着两个部件不能互相矛盾。进而,结果得是个结果,而不是潜在的原因。此外,应尽可能选择纳入可观察到的概念。

4.4　理论建构型过程追踪

在侦查艺术中,最重要的是能够从大量事实中分辨出哪些是偶然的、哪些则至关重要。否则您的精力和注意力必定会被分散掉而不是集中起来。

——夏洛克·福尔摩斯(引自 A.C.Doyle 1975:138)

在其最纯粹的形式中,理论建构型过程追踪从经验材料开始,并用对该材料的结构化分析来探查将 X 与 Y 连接起来的合理的假设因果机制。虽然其核心是一种归纳性操作,但现有的理论化工作通常被用以启发我们收集可用来建构理论的证据。[①]

　　理论建构型过程追踪被应用在两种不同类型的研究情形中。[②]第一种情形是当我们知道 X 和 Y 之间存在相关性，但对于将两者联系起来的潜在机制却一无所知时。在这种以 $X - Y$ 为中心的理论建构形式中，分析者考察一个典型个案，以揭示可在后续研究中进行经验检验的合理的因果机制。理论建构过程追踪的第二种变体是当我们知道结果（Y），但不确定什么使它发生时（即 X 未知）。

　　虽然理论建构型过程追踪与解释结果型变体有些显著的重叠，但存在许多关键差别（另见第 2 章）。这里与之相干的是所追踪的因果机制类型上的差别。理论建构型试图探查一种系统性的、相对简单的机制，该机制有助于跨越有限的个案处境以产生结果，而解释结果型则工具性地运用系统性和非系统性机制的折中合成体，来对特定结果作出最低限度的充分解释。

　　在理论建构型过程追踪中，只有对以 $X - Y$ 为中心的 X 和 Y，或以 Y 为中心的理论建构之中的 Y 而言，先于经验分析作概念化才是必需的。X 和 Y 之间的实际机制一开始自然没有被概念化。

　　然后，理论建构会接着调查此个案的经验材料，用证据作为 X 和 Y 之间潜在因果机制可能的经验表现的线索，而该机制满足适当概念化的因果机制的指导原则。这个过程涉及对经验记录作深入而广泛的搜索：用夏洛克·福尔摩斯的话来说，"'资料！资料！资料！'他不耐烦地叫喊道，'没有黏土我无法烧砖。'"（A.C.Doyle 1892:343）

　　理论建构型过程追踪旨在揭示被表述为在有限处境中——例如，空间上（按区域，如东南亚）或时间上（如第二次世界大战后）——起作用的因果机制的中程理论。根据埃文斯的说法，"要有用，这些配置组

[①]　关于 X 和 Y 之间的因果关系的理论可以被（1）演绎地建构，用逻辑推理来演绎一个理论，或者（2）归纳地建构，用证据来建构合理的理论命题。演绎理论建构最纯粹的变体可在诸如博弈论之类的形式方法中找到，其中数学的、图解的和符号的方法被用来发展理论（Nicholson 2002）。

[②]　可以说，存在第三种理论建构变体，涉及对 X 的影响建构理论。但是，这种理论建构形式的第一步是从 X 追踪以找到感兴趣的结果（Y）；这样一来，该分析就变为了 $X -$ Y 为中心的分析（Rohlfing 2008）。

合就必须以与它们最初获得的背景可能相分离的方式加以概念化"（Evans 1995:6）。

正如第 8 章要进一步讨论的,理论建构型过程追踪通常是一个更大的混合方法研究设计的一部分,其中使用过程追踪或其他形式的理论检验方法(例如模糊集 QCA)对开发出来的理论进行检验。

可观察到的证据并不能自己说话。理论建构通常具有演绎性元素,学者会从现有的理论研究和先前的观察中寻求灵感。例如,调查国际组织内部国际行政官员的社会化的分析者可能会从国内公共行政理论或小群体动力心理学理论中寻求灵感,同时阅读有关国际组织运作的更具描述性的各种解释,作为合理的因果机制的源泉。在其他情形中,对机制的搜索则是基于对现有工作无法解释的谜题的直觉预感。

4.4.1 示例:贾尼斯论群体思维

贾尼斯(Janis 1983)试图建构一个因果机制,详细说明小群体中的从众压力如何能对外交政策决策产生不利影响,他选用了一些政策惨败(Y)的个案研究,这些政策惨败归咎于有内聚力的决策者小群体差劲的决策实践(X)。他使用"群体思维"(groupthink)一词来描述因果机制,详细说明了小群体中的从众压力如何催生出仓促的共识。

他使用的头一个探索性个案是"猪湾惨败"。他指出,群体思维机制不应被认为是导致惨败的唯一原因(Janis 1983:32),但他也点出了一个现有解释无法说清的谜题:为什么肯尼迪政府"最好的和最聪明的"决策群体没能批驳支持干预的决策底下的那些错误预设。"由于对解释感到不完整",贾尼斯"在群体动力领域寻找其他的因果因素"(Janis 1983:32—33)。

对每个个案研究,贾尼斯都首先借鉴了群体动力的心理学理论,相干的政治学理论,如艾利森(Allison 1971)的组织模型,以及贾尼斯自己以前的研究,以寻求有关潜在的系统性机制的线索。他对机制的某些部件的探索还得益于猪湾决策的各种解释。例如,当贾尼斯"重读施莱辛格(Schlesinger)的解释时，我被一些早先未被我注意到的观察记录震惊了。这些观察记录开始变得合乎一种特殊的追求一致行为模式，这在我对其他类型的面对面群体的研究中一次又一次地让我印象深刻……猪湾事件的其他补充解释产生了更多这样的观察记录，引导我得出结论，群体过程在微妙地起作用"(Janis 1983:vii)。在这里，我们看到了想象力和直觉在根据经验证据构思理论中起到的重要作用，尽管这项探索也得益于现有的经验研究。

第一步涉及收集经验材料，以探察潜在因果机制可能被观察到的表现。然后，用经验证据来推断存在可观察到的表现形式(第二步)，从而二次推断出在第三步中存在潜在的机制。贾尼斯写道："出于构造假说的目的——这是本书所关注的那个调研阶段——我们得乐意从我们可以抽取的任何历史线索中作出一些推断性的跳跃。但是，我试图通过选择最好的可用历史著作当作坚实的开端，并根据目前对决策群体审议情况所知的，把那些看来事实确凿的具体观察记录作为跳板。"(Janis 1983:ix)进而，"我试图做的是根据目前有关群体动力已知的知识，展示手头的证据如何能被视为形成了连贯一致的心理模式"(Janis 1983:viii)。

贾尼斯呈现的经验证据并不是以分析性叙事的形式描述 X 和 Y 之间的事件或因果步骤。他写道："既然我的目的是描述和解释运作中的心理过程，而不是建立历史连续性，我没有按时间顺序呈现这些个案研究。我选用的顺序要逐步传达群体动力假说的意涵。"(Janis 1983:viii—ix)他描述了群体思维的四种不同"症状"，这些现象可以理解为群体思维机制的可观察到的表现，包括群体中秉持的无懈可击的幻觉，对群体内一致同意的幻觉，对个人疑问的压制以及群体内自命的心智护卫的出现。例如，无懈可击和一致同意的共享幻觉帮助群体成员维持了群体团结感，结果导致缺乏批判性的评估和争论，从而产生了达到危险程度的、自鸣得意的过度自信。

贾尼斯总结道："肯尼迪内部小圈子未能发现猪湾入侵计划背后的任何错误预设，这一失误至少可以部分归因于该群体倾向于以牺牲寻求信息、批判性评估和辩论为代价，寻求意见一致。"(Janis 1983:47)

4.5 解释结果型过程追踪

解释结果型过程追踪指的是以解释特定历史结果为首要目标的个案研究,尽管个案中的发现也能有助于说明该现象其他潜在个案。解释结果型过程追踪的例子包括:艾利森对古巴导弹危机的经典研究(Allison 1971),伍德试图解释在萨尔瓦多内战的高风险环境下叛乱分子集体行动之谜的研究(Wood 2003),以及施姆梅尔芬尼格关于为何对欧盟扩大持怀疑态度的国家决定支持欧盟扩大的研究(Schimmelfennig 2001)。

解释结果型过程追踪是一个反复迭代的研究过程,其中各种理论被加以检验,看看它们是否可以对结果提供最低限度的充分解释。最低限度充分的定义是对结果的解释没有多余的部件。在第 2 章中,我们描述了解释结果型过程追踪中的归纳和演绎路径。

在解释结果型过程追踪中,概念化的第一阶段涉及考察现有的研究成果以寻找可以解释特定结果的潜在机制。尽管历史结果通常包含多重理论现象,但这里的一个建议是讨论 Y 是什么东西的潜在案例。例如,伍德(Wood 2003)的研究将萨尔瓦多内战视为叛乱分子动员的一个案例。

在大多数解释结果型研究中,现有的理论化成果不能提供充分的解释,从而引发第二阶段,根据先前的经验分析中收集的证据对现有理论进行重新概念化。因此,在解释结果型过程追踪中,概念化阶段是一个反复迭代的研究过程,初始机制会被重新概念化和检验,直到最终给出对特定结果提供最低限度充分解释的被理论化的机制。修订后的理论机制将根据从同一个案中收集到的新证据按其自身方式进行检验。

在进行充分解释时,可以采用以下策略:把现有机制结合起来(折中的理论化),发展新理论(或其中的若干部分),或将非系统性部件纳入解释以说明结果。在此,我们讨论折中的理论化和纳入非系统性部件；用归纳研究开发新理论的问题已经在第 4.4 节中讨论过了。

折中理论化可以被认为是复杂复合物中不同机制的结合，以对特定结果进行最小限度的充分解释（Sil and Katzenstein 2010）。它"提供了复杂的因果故事，其中包含了不同研究传统中界定和运用的不同类型的机制，（并且）试图追踪在社会现实的不同领域和不同层次之内或之间运作的各种机制之间特定于问题的相互作用"（Sil and Katzenstein 2010：419）。按照赫希曼的说法，"通常，当社会科学家掌握一种因果关系的范式或路线时，他们会很高兴。结果，他们的猜测往往比经验丰富的政治家更加异想天开，而后者的直觉更有可能考虑到各种各样的力量"（Sil and Katzenstein 2010：413—414）。

折中理论化并不试图创建综合的宏大理论；相反，这是一种更为务实的策略，旨在捕捉产生特定历史结果的机制的多重性。因此，折中理论化也被称为"问题导向的研究"（problem-oriented research）。根据埃文斯的观点，"个案总是太复杂而无法为单一理论辩护，因此沿这一传统工作的学者很可能会借鉴一系列理论传统，以期在他们关心的个案中取得更大的收益"（Evans 1995：4）。

然而，尽管可以结合来自不同研究传统的机制，但重要的是要确保关键概念和理论预设相互兼容，来解释一个具体问题（Sil and Katzenstein 2010：414—415）。例如，不能将一种理论化的理念性机制（认为主观信念驱动行动者的行为）与一种制度主义机制（行为纯粹由理性的物质利益最大化来驱动）结合起来。在此，人们将不得不将这两种机制重新概念化，例如，发展某种形式的桥接理论，来解释两种机制之间的相互作用，并为预期占主导的一种或另一种机制提出范围条件。

考虑到要对特定结果作出最低限度充分解释的抱负，通常有必要在解释中纳入非系统性机制或机制部件。莱恩（Layne 2006）提供了一个如何将非系统性机制添加到解释之中的形象示例，他用解释结果型过程追踪来解释为什么 20 世纪 40 年代以后美国的外交政策大战略被域外霸权战略所主导，这个结果无法用其他理论来解释。被解释的结果不是一般的大国行为，而是特定的历史个案（20 世纪 40 年代初之后相较于西欧的美国大战略）。

莱恩(Layne 2006)运用米尔斯海默(Mearsheimer 2001)的进攻性现实主义理论进行了分析性的初探，以检验仅基于相对实力和地理位置的结构性因果机制是否可以解释进攻性的美国霸权战略。米尔斯海默的结构性机制认为，基于美国强大的相对实力，我们应期望该体系将美国推向全球霸权战略，但水域的阻力会阻碍美国实现这一目标。美国无法在北美地区之外投射足够的力量来统治像中国或俄罗斯这样的其他地区的大国。然而，莱恩发现米尔斯海默的理论只能解释霸权的一个更为有限的版本（他称其为"离岸平衡"），而不能解释这一特定结果（第二次世界大战后美国在西欧的域外霸权）。

莱恩(Layne 2006)随后利用现有的历史学研究来建立一个就事论事的理念性机制，该机制可以被称为"门户开放"机制，如图 4.3 所示。[①]这个理念性机制把强大的美国相对实力与特定结果联系在一起。如图所示，因果机制的各个部件是就事论事的，与基于美国独特的国内信仰和观念的因素有关，在时间上特定于第二次世界大战之后，且在地理上

资料来源：基于 Layne 2006。

图 4.3　莱恩就事论事的门户开放机制

① 遗憾的是，莱恩对这种机制的描述非常模糊。在这里，我们根据在他的书中发现的"门户开放"解释的描述，重构了可能的机制。

局限于西欧。因此，它们不能被用来解释其他案例中别的大国的大战略，故而该机制是非系统性的，或者我们称之为就事论事的。

莱恩(Layne 2006)认为，如果没有这种就事论事的门户开放机制，我们就无法解释美国相对于西欧的区域外霸权战略。他进一步指出，该机制解释了与其他理论无法解释的个案相关的困惑，例如为什么苏联解体后美国仍留在西欧(Layne 2006:38)。

学者选择解释结果型过程追踪，恰恰是因为他们优先考虑自己关心的个案，而不是优先考虑理论上的简约。在此，关于什么促成了好的理论解释的主张，首先基于其对特定结果的解释能力。因此，折中理论化和纳入非系统性机制都很盛行。

4.5.1 示例：施姆梅尔芬尼格对东扩的研究

施姆梅尔芬尼格(Schimmelfennig 2001)的研究中可以看到一个因果机制理论如何在解释结果型过程追踪中发展出来的好例子。文章试图解释一个特殊的经验谜题：为什么法国和其他最初反对欧盟东扩的国家最终支持了这事(Schimmelfennig 2001:49)。

施姆梅尔芬尼格的个案研究运用了演绎路径的三次迭代(参见图 2.4)。他以国际合作的理性主义和社会学理论这两种相互竞争的因果机制为出发点，解释了欧盟现有成员国对东扩的立场。他发现，理性主义机制可以解释最初的国家偏好，而不能解释最终的扩大决策。受其第一份经验分析中的发现启发，他检验了一项社会学机制是否可以解释全部结果，发现它能解释法国接受扩大的最终决定，而不能解释其立场的改变。因此，任一机制都不能完全解释结果(单独一个，都不充分，并且彼此结合起来还不够充分)，发现它们都不过是"在'纯粹'形式上而言希望"罢了(Schimmelfennig 2001:76)。然后，他利用前两次迭代的经验性结果，形成了两种机制的折中结合，试图通过开发出修辞行动的观念(战略性地运用基于规范的论证)"给出在自我中心的偏好和符合规范的结果之间漏掉的联系"(Schimmelfennig 2001:76)。

由三项个别机制组成的折中合成机制对该历史结果提供了充分的

解释。若可证实没有结果中的重要方面未被解释到，就可以确认充分性了。在这三次迭代中，施姆梅尔芬尼格都在追踪因果机制。但是，从个体角度看，理性主义的、社会学的和修辞的行动机制更普遍适用，而这三种机制的折中结合则更多的是就事论事的，因此本身无法导出到其他历史个案中。

5 因果推断与过程追踪法

社会科学家运用理论就像我们使用地图一样——以简化极为复杂的现实。然而，制图人员在制作地图时进行描述性推断，社会科学家则有兴趣超越描述发生的事情再往前一步，去研究因果关系，解释社会现象如何以及为什么会发生。例如，因果机制的理论是对现实的简化，它们预测了什么样的因果力量在解释现象的发生时是重要的。不过，社会科学家对把理论当作纯粹的假设性思想实验不感兴趣。理论需要进行经验验证，以确保它们能够准确地呈现现实。

本章讨论理论与经验现实之间的相互关系。理论发展出来之后，我们需要凭经验验证其准确性。我们通过检验经验证据是否增强或削弱了我们对作为现象的解释的理论有效性的信心来加以验证。

鉴于难以测量如民主之类的复杂社会现象，我们无法完全测量现实中正在发生的事情。即使使用最好的测量仪器，我们也只能获得给定现象观察记录的一个选定样本。因此，我们被迫从一小组经验观察中推断一种理论是造成这种现象的原因。换句话说，从经验上能观察到的证据中，我们可以作出一个推断飞跃，可以得出结论认为潜在的因果解释是存在的。

在过程追踪研究中是什么使我们能够从一组经验观察中跳出来，推断在具体个案中是否存在因果机制？使过程追踪中能够作出推断的逻辑，与金、基欧汉和维巴（King, Keohane, and Verba 1994）为定性个案研究提出的方法论处方中深层的频率论推断逻辑是一回事吗？

在过程追踪个案研究中，我们尝试分析个别个案中是否存在理论上的因果机制。因此，我们有兴趣进行所谓的个案内推断（within-case

70

inference)，这意味着我们使用从特定个案中收集的经验证据来推断该个案之中实际上存在假设的因果机制的所有部件。不能使用过程追踪法作跨个案推断(cross-case inference)，那样就涉及基于从可比较个案样本中得出的证据下结论，即在给定理论现象的总体之中存在因果关系。其他形式的推断工具(例如比较方法)对于进行跨个案推断是必需的。

在本章中，我们要讨论为什么不能使用——例如经典统计分析和比较跨个案方法中使用的——主流推断工具来对因果机制进行个案内推断。在此，我们重申我们使用的方法必须与本体论保持一致的观点(Hall 2003)。尤其是，我们表明，鉴于过程追踪中使用的因果性本体论既不同于经典统计分析也不同于比较方法，因此这些方法中使用的推断工具不适用于过程追踪。讨论完后，将介绍贝叶斯推断逻辑，以解决在过程追踪中进行个案内推断的问题。本章结束时将更详细地讨论运用过程追踪方法可以作的推断类型，以及同等重要的，不能作哪些类型的推断。

5.1　过程追踪中作出的推断类型

当我们想在深入的个案研究中调查因果机制是否出现或缺失时(理论检验)，或者当我们想要基于对单一个案中证据的深入考察建构理论化的因果机制时(理论建构)，或者当我们想解释一个特定结果，例如为什么法国和英国的威胁未能有效地阻止纳粹德国对波兰的侵略时(解释结果)，皆可使用过程追踪法。

在过程追踪所有三种变体中，我们都是在单一个案研究中有效地调查一个或多个因果机制。各变体之间的一项重要区别是，是否有超越单一个案作一般化概括的抱负(以理论为中心)，还是更聚焦于解释单一个案的结果(以个案为中心)。在以理论为中心的单一个案研究中，研究者感兴趣的是研究如战争的发生之类的定界现象，并从这个单一个案到总体层面作出一般化概括。战争的单一个案被视为该现象更宽泛的总体的选定示例。两种以理论为中心的变体都以这种方式进行个案研究，尽管单一个案内有关因果机制是否出现/缺失的推断能用过程追踪法来做，而超出单一个案之外的推断则不能用这些方法做出来。相对而言，跨个案推断是基于比较方法或频率论方法的（参见第 8 章）。跨个案就更宽泛的总体作推断，要使用比较的跨个案方法（例如模糊集 QCA）使我们能够探察最不可能的个案。这里的逻辑是，如果在最不可能的个案中找到因果机制的证据，我们就能期望在总体中的其他地方找到该机制。

以个案为中心的抱负普遍存在于解释结果型过程追踪研究中，学者有兴趣解释特别重要的和令人困惑的结果的关键方面，例如为什么苏联在 1989—1990 年和平地放弃了对东欧的霸权控制，或者为何欧盟成员国政府决定在《马斯特里赫特条约》中采用欧元。的确，许多定性导向的研究者认为，如苏联结束对东欧的统治之类的结果，具有许多独有的特征，以至于无法与宽泛现象中的其他个案相提并论，例如第一次世界大战后哈布斯堡帝国的崩溃（另见 Collier and Mahoney 1996）。然而，过程追踪的所有三种变体都具有进行个案内推断的抱负。

在我们详细解释为什么过程追踪法建立在与其他社会科学方法不同的推断逻辑基础上之前，提供一个典型的因果机制看起来是什么样的例子是有启发性的——特别是有关必须收集到的证据（被收集来推断一个假设的因果机制的所有部件在特定个案中出现了）的类型。

欧文（Owen 1994，1997）开发了一个由五部件组成的因果机制，解释民主如何产生和平。[①]欧文识别了构成假设的因果机制各部件的实体和活动，因果机制将因果力量从彼此皆民主（X）传递到产生和平（结果 Y）。欧文（Owen 1994）检验了四个个案研究中是否出现了这些现象，但鉴于每个个案研究中收集的证据跨个案不可比，因此实际上是四

---

① 欧文用"因果机制"一词来指称那些可以被视为干预变项的事物（参见 Owen 1994:102，figure 1）。然而，他开发出来的关于机制存在的一组假说（Owen 1994:102—104）实际上描述了因果机制在一系列部件中的运作，因此在我们看来，可以将其视为对因果机制的适当概念化。

个平行的单一个案过程追踪研究。表 5.1 描述了因果机制,其中实体带下划线,粗体字表示活动。

他的因果机制的部件 5 最好地展现了在过程追踪分析中我们所希望的经验性地研究的因果力量从 X 到 Y 的传递。部件 5 讲我们应该期待看到在战争威胁的危机中自由派精英立足于他们的政策作鼓动。在这里实体是自由派精英(n_5),其传递因果力量的活动($\rightarrow$)是他们反对与其他自由民主国家开战的鼓动。

在对 1796—1798 年法美危机的个案研究中,欧文调查了现有证据是否支持自由派精英在作鼓动,并且以就事论事的方式将该理论操作化,从而把他的注意力引向了在新闻媒体和其他公共论坛上自由派精英的行动。观察对象包括关键自由派行动者(共和党副总统托马斯·杰斐逊)的演讲,以及著名自由派报纸的观点(Owen 1997:86—87)。在评估了这些观察结果的准确性并就其语境作了解读之后,欧文用它们作为证据,推断该因果机制部件出现在这一个案之中。

表 5.1　欧文提出的民主产生和平因果机制的五个部件

机制的部件	机制及其部件(实体与活动)的概念化
处　境	国家间危机可能导致战争
自变项(X)	国家配对,其中被分析的国家是民主的,而其对象或为民主的(自由的)或为独裁的(不自由的)国家
部件 1($n_1\rightarrow$)	<u>自由派</u>将**信任**他们视为自由的国家且**不信任**那些他们**视为不自由的国家**
部件 2($n_2\rightarrow$)	当<u>自由派</u>以自己的标准**观察到**某个外国正变得自由民主时,他们将**期待**与之和平相处
部件 3($n_3\rightarrow$)	<u>自由派</u>会**主张**自由民主国家大伙目的一致而不自由的国家各怀异志
部件 4($n_4\rightarrow$)	危机时<u>自由派</u>将**不会改变**他们对外国的评价,除非那些国家改变它们的制度
部件 5($n_5\rightarrow$)	<u>自由派精英</u>将在有战争威胁的危机期间**宣传鼓动**他们的政策
结果(Y)	危机期间,<u>执政者</u>将被自由派精英牵着鼻子走,因而不会与其他自由国家开战

资料来源:Owen 1994。

这里可以看出过程追踪个案研究与其他社会科学方法之间的两个关键区别。第一个与收集的资料类型有关；第二个是因果推断在分析目的上的区别。定量统计研究试图在现象总体中推断自变项对依变项的因果效应的规模大小（跨个案推断），而过程追踪研究旨在推断单一个案中假设的因果机制是否出现/缺失（即作个案内推断）。[①]

5.1.1 哪种类型的经验材料被用来作推断？

首先，必须收集用以检验该机制的部件 5 是否出现的预测证据，与检验该机制的其他部件是否出现的相干证据的类型非常不同。例如，能够检验自由派是否相信他们认为是自由的其他国家的证据，与部件 5 的证据有很大不同。简单地说，在单个个案中，部件 1 的证据与部件 5 的证据不可比。在欧文调查的四个个案中，证据也不能作跨个案比较。欧文为其他个案收集的证据，例如从 1803 年到 1812 年的英美关系的证据，与为法美危机收集的证据有很大不同。此外，各种证据基于其就事论事的概率，被赋予不同的推断权重（第 7 章），关键的自由派行动者杰斐逊的声明，被视为自由派精英宣传鼓动尤为重要的征兆。[②]

科利尔、布雷迪和西赖特（Collier, Brady, and Seawright 2010b：184—188）就定量统计分析和定性个案研究中各自收集的经验材料类型了引入了有用的区分。在统计分析中，我们的目标是收集所谓的"数据集观察结果"（data-set observation，DSO），定义为给定个案中依变项和所有自变项的矩形数据集中一行中的全部得分（另见 Bennett 2006）。如果我们将欧文的机制转换为标准的 X/Y 理论，则他的研究的数据集观察结果将如表 5.2 所示。

---

① 一致性方法也旨在进行个案内推断，尽管作出的推断不是关于机制的存在，而仅仅是关于 X 和 Y 之间关系的因果理论。例如，坦嫩瓦尔德（Tannenwald 1999）对核禁忌的研究涉及一致性个案研究。她调查了在美国政府决策过程中是否存在 X 的痕迹（反对使用原子武器的规范）（Tannenwald 1999）。另一个例子是邝云峰的研究（Khong 1992）。

② 欧文本来可以更明确地说明给具体观察对象赋予不同推断权重的理由。通过明确采用贝叶斯框架，研究者被迫基于先验期望和证据的可能性去清晰地阐明观察结果具有不同推断权重的理由。

表 5.2　欧文的自由民主和平理论的数据集观察值

个　案	X＝对对手是否自由民主的看法？	Y＝武装冲突？
法美危机(1796—1798 年)	是	否
英美危机(1803—1812 年)	否	是
英美危机(1861—1863 年)	是	否
英美危机(1895—1896 年)	是	否

资料来源：基于 Owen 1994。

在数据集中，我们可以看到，在把对手看作自由民主政权(X)与不发生武装冲突(Y)之间存在明显的相关性。但是，因果力量得以从 X 传递以产生 Y 的机制还是关在黑匣子里。

相反，在过程追踪中，收集另一种经验材料。科利尔、布雷迪和西赖特建议将这种类型的材料称为"因果过程观察结果"(causal process observation，CPO)，其定义为"提供有关处境或机制的信息，并在因果推断中有助于作为另类杠杆的一项洞见或数据片段。它不必非得作为更大范围、系统化的观察的一部分来发挥作用"(Collier，Brady，and Seawright 2010b：184)。[1]

不幸的是，"因果过程观察结果"一词把观察与证据混为一谈。观察结果是原材料数据；只有在经过准确性评估并被置于处境中进行解读之后，它们才成为证据(第 7 章)。这种区别类似于在刑事诉讼中如何使用这两个术语，诉讼中观察结果本身并不具有证据上的重要性；必须对经验性材料进行准确性评估，并在其处境中进行解读，以便将其作为支持/反驳有关犯罪何以发生的特定理论说辞的证据，才能呈堂。

在过程追踪中，这种评估是用就事论事的处境知识来作的；因此，我们可以将评价过程象征性地描述为 o＋k→e，其中 o 是观察结果，k 是就事论事的知识，e 是评价过程产生的证据结果。在评价之后，经验材料可以被称为证据，然后可以用来作出推断，以在假设的因果机制出现的情况下，更新我们的信心(参见第 7 章)。

---

[1]　有关从概率论立场对"因果过程观察结果"这一术语的批评，参见 Beck 2006。

就欧文的假设机制中的部件 5 而言，证据包括领导地位的自由派精英（例如杰斐逊）的演讲以及居于领导地位的自由派报纸上发表的社论。该证据试图测量理论化实体（自由派精英）的活动（鼓动），从而可以捕捉到因果力量从 X 到 Y 的传递，而这是使用标准 DSO 无法测量的。

就进行跨个案推断的可能性而言，更为重要的是，法美危机个案中的证据无法与另三个个案中相同部分的证据相提并论，从而使它们实际上是四个平行的单一个案（single-case）研究。在不同个案之中，机制具有不同的经验表现。例如，在检验 1796—1798 年法美危机个案中机制的部件 5 时，相关证据包括杰斐逊领导的共和党人在国会针对一项战争宣言采取的行动，以及"高呼抗议的共和党媒体"的发现（Owen 1994:107）。相比之下，美国内战期间英美危机中产生的证据包括这样的陈述——"《解放黑人奴隶宣言》使英国的福音派基督教徒和其他解放团体充满活力"，以及 1862 年底在曼彻斯特爆发的大规模群众集会、1863 年春在伦敦爆发的反对英国承认美利坚联盟国的群众集会（Owen 1994:112）。鉴于在不同个案中，机制可观察到的意涵具有相当就事论事的性质，因此在一个个案中算作证据的证据，在另一个个案中就未必是证据。在一个个案中不可能的证据，在另一个个案中可能是可能的，这也使得观察结果在个案间没法比较（参见第 7 章）。因此，个案相互不能直接进行比较，使得个案内推断工具变得必要了。

5.1.2 跨个案推断与个案内推断的本质

在定性方法中，两种立场存在显著区别：受定量方法启发的研究者（例如 KKV）主张"统一"的逻辑，力求在给定现象总体中推断自变项对依变项的因果效应大小（King, Keohane, and Verba 1994；另见 Gerring 2005），而定性学者认为深入的个案研究方法（例如过程追踪）具有根本不同的推断抱负，即探察单一个案中是否出现了假设的因果机制（Bennett 2008b；Collier, Brady, and Seawright 2010a；Mahoney 2008；McKeown 2004；Munck 2004）。

关于现象总体中平均因果效应大小的论证,建立在对因果性的规律性和概率论理解的基础上。在 KKV 的理解中,因果效应被定义为"当解释变项取某个值时,观察结果的系统性成分与当解释变项取另一值时可比较的观察结果的系统性成分之间的差别"(King, Keohane, and Verba 1994:81—82)。此处目的是基于选取的个案样本(通常为5—20 个),对给定现象整个总体的系统性自变项的平均因果效应作跨个案推断,从样本中自变项平均因果效应的大小到给定现象的整个总体作出推断飞跃。

KKV 强烈主张的立场是,单一个案研究是无变异的(invariant)研究设计,阻碍了我们对因果效应进行因果推断:"如果不考虑依变项取其他值的别的情况,我们无从了解依变项的原因。"(King, Keohane, and Verba 1994:129)为了克服这个问题,他们认为学者应该通过创建自变项和依变项的多重 DSO 来分解单一个案。这可以通过以下方式实现,比如,通过将国家层次研究转化为其地理子单元(州、县等)作空间上的分解,或者通过在一段时间内不同时间点(t_0, t_1, t_2, …, t_n)检验变项,把一个个案分解为一系列个案来实现(King, Keohane, and Verba 1994:217—228)。但是,由于在分解的"个案"中生成的 DSO 之间缺乏独立性,因此 KKV 认为分解策略是次优的。例如,可以预计 t_0 的变项值会影响 t_1 的值,这就违反了观察结果有条件相互独立的规则,而只有遵守这个规则才使得在频率论推断逻辑中跨个案作推断成为可能(King, Keohane, and Verba 1994:94—97)。

过程追踪研究具有不同的推断抱负。我们在过程追踪中所做的工作是推断在单一个案中是否出现了因果机制。我们自然想知道自变项和跟着发生的因果机制对结果具有非平凡的(nontrival)因果效应,但是我们对评估自变项和随后的机制结合起来对依变项的因果效应大小不感兴趣。相反,我们对因果机制如何有助于产生 Y 感兴趣,或者对解释结果型过程追踪感兴趣,对各种机制的结合如何产生特定结果感兴趣。我们想知道是否有证据表明因果机制在特定个案中出现。

与受定量启发的方法论学者的观点(King, Keohane, and Verba 1994)相反,我们认为,以过程追踪法做的单个的深入个案研究为基础,作强有力的个案内推断是可能的。这涉及采用与 KKV 所建议的不同的推断逻辑。个案研究的两种理解之中推断逻辑的差异最好打个比方来理解。KKV 拥护的个案研究类似于医学实验，研究与接受安慰剂治疗的对照组相比，给予一组患者的治疗是否具有重大影响。相比之下，过程追踪作推断更类似于法庭审判，研究者根据收集的多种形式的证据来检验假设的因果机制每个部件是否存在，评估我们对将 X 与 Y 连接起来的因果机制存在的置信度（McKeown 2004）。在这里，一件证据就足以基于贝叶斯推断逻辑来推断存在某个因果机制部件（Bennett 2008b）。

5.2 过程追踪中可以使用哪种类型的推断逻辑？

我们如何才能就理论化的因果机制各个部件是否存在作个案内因果推断？我们调查是否可以使用主流推断逻辑（例如金、基欧汉和维巴拥护的频率论推断逻辑，或比较方法中使用的比较论的消元逻辑），来对有关因果机制部件的出现/缺失作出强有力的个案内推断。我们认为，这两者都没有为作关于因果机制是否出现的个案内推断提供基础。因此，我们需要采用不同的推断逻辑，以使方法论与过程追踪的因果性本体论相一致。

表 5.3 展现了三种推断逻辑的区别：被 KKV 改编进定性个案研究的频率论逻辑、比较论的消元逻辑，以及主观概率的贝叶斯逻辑。频率论和比较法都建立在对因果性的规律性理解上，尽管它们在我们是否应采用决定论或概率论的理解上存在分歧。[①]相反，过程追踪采用了机制论和决定论的理解。

---

① 在比较方法论中，关于必要条件和充分条件的研究是否意味着决定论理解（例如 Mahoney 2007）或是否也可以使用概率论理解（Goertz 2003；Ragin 2008）存在很多争论。对因果关系的决定论理解并不排除可以使用基于概率的推断工具（例如经典概率论或贝叶斯主观概率）来分析因果性（例如 Mahoney 2004）。

表 5.3 社会研究中三种不同的推断逻辑

	定性个案研究之中的频率论逻辑(KKV)	比较论消元逻辑	主观概率贝叶斯逻辑(过程追踪)
对因果性的本体论理解	规律性和概率论	规律性和决定论	机制论和决定论
用什么作推断	经典概率论和所发现的联系是随机的或系统的预测概率	密尔的求同法与求异法及其变体	有关基于先验知识发现具体证据的预期似然性的贝叶斯定理
评估的因果性类型	X 之于 Y 的平均因果效应	产生 Y 的必要和/或充分条件	因果机制出现/缺失(即从 X 到产生 Y 的因果力量的传递)
用以作推断的观察结果类型	相对较大的一组"单薄"数据集观察结果(根据 KKV,是 5—20 个)	更少量的"厚实"DSO 集合(通常是 2—5 个深度个案研究)	证据($o + k \rightarrow e$),其中一件证据足以依据其概率作推断
什么算作观察结果	一组可比的和相对随机选择的个案上 X 和 Y 的独立观察结果	现象的个别个案(如丹麦和瑞典)	我们能否发现的每个机制部件预期可观察的表现之被观察到的证据
分析优先性	以理论为中心的焦点,从观察样本到现象一般总体的一般化概括	以理论为中心和以个案为中心的焦点	以理论为中心和以个案为中心的焦点
所作推断的类型	跨个案推断(到现象总体)或用一致法作的个案内推断	跨个案推断(但总体范围较小)(处境化的)	个案内推断

    构成推断基础的证据类型也有所不同,频率论逻辑使用同质的 DSO,而过程追踪推断是用互不可比的过程追踪证据来作的。比较法采用了一种 DSO 的形式,尽管与 KKV 提倡的观察结果类型相比,它们通常是对两个或更多个案作更厚实且更深入的受控比较(参见 Mahoney and Rueschemeyer 2003)。

    频率论的推断逻辑评估 X 对 Y 的因果效应的大小,或在多大程度

上 X 的出现提升了总体中 Y 的概率(Gerring 2005)。相比之下，比较法旨在评估产生 Y 的必要条件和/或充分条件(无论是在总体之中还是在少数个案之中)(Mahoney 2008)，而过程追踪则试图探查因果力量通过因果机制在单一个案中产生结果的传递方式。

频率论推断逻辑可用于在总体范围上就自变项对依变项的平均因果效应作推断，运用从经典概率论改编的频率论逻辑，从观察样本推断到更广泛的现象总体。比较方法论和过程追踪通常以个案为导向，对每个特定个案进行更厚实的研究。不过，在我们看来，只有过程追踪可以用于对因果机制进行个案内推断；比较法运用了比较论的消元逻辑，顾名思义只能进行跨个案推断。

现在我们再来讨论一下为什么频率论逻辑和比较论的消元逻辑不能用于过程追踪研究。

5.2.1 定性个案研究中的频率论推断逻辑

KKV声称："定量和定性传统之间的差别只是风格不同罢了，在方法上和实质上都不重要。所有好的研究都可以理解为——事实上，最好是被理解为——源于相同的推断逻辑基础。"(King，Keohane，and Verba 1994:4)KKV倡导的推断逻辑本质上与经典统计分析所使用的频率论逻辑是一回事。[①]

对于频率论导向的学者来说，科学研究的"金本位"就是实验设计。例如，在医学实验中，研究者通过与一组接受安慰剂治疗(无 X)的对照组相比，考察给定治疗(X)对一组患者产生的影响的大小。然后通过把进行治疗的一组中 Y 的值与不给予治疗的(对照组)那组相比较，研究者得出治疗的因果效应的规模大小。但即使在设计最佳的实验中，我们也无法同时测量同一位患者接受治疗和不接受治疗的效果。这就是霍兰德(Holland 1986)所说的因果推断的基本问题——无法观

[①] 与贝叶斯派概率论相反，"经典"一词在这里指的是传统的统计概率论(见 Chalmers 1999；Howson and Urbach 2006)。

察 X 及无 X 对同一单元 Y 的影响。

在经典概率论的基础上，霍兰德提出了所谓推断的频率论逻辑，作为对因果推断这一基本问题的次优解决方案。该逻辑的主旨是，当某些预设成立时，我们仿佛能够在同一个单元上测量处理组和非处理组，运用经典的概率论来评估 X 和 Y 之间发现的任何关联是机会的产物还是系统性相关的结果，后者可以被解读为 X 对 Y 的因果效应。使用推断的频率论逻辑进行因果推断时，需要满足四项主要预设（Holland 1986）。首先，样本的单元必须是同质的，以使比较能够近似于同一单元的处理组/对照组比较。其次，X 必须在时间上先于 Y 发生。再次，每个单元的 DSO 必须彼此独立，这通常是样本随机选择的结果。最后，我们必须能够假定 X 的平均因果效应的规模大小在总体中的每个单元上都是恒定的。

在定量社会研究的频率论推断逻辑中，我们使用诸如线性或逻辑回归（logistic regression）之类的统计模型对大量 DSO 进行分析，以检验 X 和 Y 之间的关联经验模式是否存在系统性相关。用经典概率论的讲法，对关联进行检验以查看它是非系统性（即随机）还是系统性变化的产物。然后，社会科学家可以基于经典统计概率（发现相关性不是机会的产物，用统计显著性和 p 值* 表示）来推断 X 和 Y 之间存在因果关系。在频率论逻辑中，推断的繁重工作是通过有关总体分布的经典统计概率论定律（如中心极限定理）提升的。

例如，在一项关于国际关系的研究中，为了探寻三个自由变项[民主（X_1）、经济相互依赖（X_2）和国际制度的成员资格（X_3）]是增加还是减少了国家间冲突（Y），奥尼尔、拉西特和贝尔鲍姆（Oneal, Russett, and Berbaum 2003）运用逻辑回归模型分析自由自变项和二分依变项（战争/和平）之间的关联，并控制住一系列竞争性自变项（比如联盟）。样本大小为 231 618 个 DSO。他们发现了三个康德式 X 都与依变项之间存在统计上的显著关系。更重要的是，他们还估计了根据每个自变项以预测战争概率测得的边际效应，从而发现了与其他两个自变项

---

* 原文写作 p-levels 似有误，应为 p 值才说得通。——译者注

相比，民主具有相对较大的影响（Oneal，Russett，and Berbaum 2003：382，table 2）。使奥尼尔、拉西特和贝尔鲍姆能够从他们的观察样本作出推断上的飞跃，从而更一般性地在总体中得出结论即"民主与和平之间存在实质上重要的因果关系"的是经典概率统计定律，而 X_1、X_2、X_3 和 Y 之间以统计模型估定的关联概率的程度由这些定律评估为机会的产物。

KKV 改编了频率论的推断逻辑，因此它可以作为定性个案研究的方法论处方的基础（King，Keohane，and Verba 1994）。KKV 建议，要推断 X 对 Y 的平均因果效应，我们应该对 X 和 Y 的值（DSO）有 5—20 个独立的观察结果。当单元同质性的预设及其所称观察结果的条件独立都成立时[1]，KKV 认为可以使用个案研究法对因果效应的程度量级（magnitude）进行推断。

可以在过程追踪研究中应用这种频率论推断逻辑吗？简短的答案是不行。如前所述，KKV 的频率论推断逻辑建立在类似于医学试验的逻辑上，而过程追踪更类似于法庭审判。

在典型的过程追踪研究设计中，通常能满足的唯一霍兰德预设是时间预设，大多数机制检验也涉及检验机制的每个部件是否在时间上都先于结果。在过程追踪个案研究中，无法满足有关单元同质性的预设，因为因果机制的表现无论就机制的各个部件而言还是就跨个案而言都不一样。此外，单件证据的推断权重也可能明显不同。

例如，在欧文（Owen 1994）的研究中，为部件 1 收集的证据与部件 4 或部件 5 的证据不可比。相反，根据 KKV 的理解，个案研究将满足单元同质性的预设，因为沿着时间分解，我们可以观察到 X 和 Y 在 t_0、t_1、t_2 时的得分，使它们可以被视为彼此具有可比性。这就是一致性方法进行个案内推断的做法。[2]此外，既然机制不同部件的证据之间缺乏可比性，因此在检验因果机制是否出现时，独立性预设就失去了意义。基本上，如果我们无法比较部件 1—5 的证据，那么它们是否独立

---

[1]　在个案研究中，不可能进行真正独立的观察，因此使用"条件"一词。

[2]　参见 George and Bennett 2005：Chapter 9。关于一致性个案研究的示例，参见 Tannenwald 1999。

也就无关紧要了。

有人可能会说,关于某个机制的每个部件是否出现的检验都可以看作单独的个案研究,应被进一步分解以产生足够数量的可比观察结果,从而能运用频率论推断逻辑。但是,这种思路将与过程追踪研究中收集的证据的性质相冲突。虽然我们确实有因果机制每一部件的多份证据,但它们相互之间无法比较。DSO 与证据之间的差异是由于证据在过程追踪研究中服务目的不同所致。就欧文的例子而言,我们不能仅仅将机制的部件 5(自由派精英鼓动)的检查分解为对精英是否鼓动的多样观察结果。确实,如果找到一条极不可能的证据,就足以证实该机制部件出现了(Bennett 2008b)。

在过程追踪个案研究中,不应以类似于医学实验中病患个体的方式来考虑证据,而应将它们视为与法庭审判中的证据类似。例如,在处理抢劫犯罪的审判中,犯罪理论解释的一部分或许是嫌疑人的动机。如果把犯罪嫌疑人实施抢劫的动机理论化为提供毒资,那么我们可以预测,我们会找到不同类型的习惯证据,比如目击者证明自己曾经看到嫌疑人吸食毒品,以及诸如在嫌疑人住所发现毒品痕迹或吸毒用具这样的物理证据。并非所有这些证据都需要被找到;的确,即使就发现了一个非常有说服力的证据(例如,一支上面只有犯罪嫌疑人指纹的、用过了的海洛因注射器),我们对理论这部分的有效性的信心也会大大提升。

在过程追踪中,从来没有一个观察结果样本可以让我们用频率论推断逻辑来作因果推断。然而,频率论逻辑不适用并非由于欠缺严格的研究设计(正如 KKV 认为的那样)。相反,这是一个明确的选择。虽然它限制了我们对某一现象的总体进行跨个案因果推断的能力,但过程追踪让我们能够比用频率论逻辑作更强有力的个案内推断。

5.2.2　比较方法的消元逻辑

比较方法主要处理发现和/或消除产生给定结果的必要和/或充分条件。例如,斯考切波(Skocpol 1979)用比较方法发现,国家政权崩溃和农民造反相结合，是在农业-官僚国家进行社会革命的充分条件。必要条件定义为必须始终先于 Y 之前发生的 Y 的原因；如果缺少 X，则不会发生 Y。充分条件是一旦出现则总是产生 Y 的原因，但 Y 并不总以 X 为先导。

比较方法论虽然使用了与频率论逻辑一样的对因果性的规律性理解，但它采用另一种逻辑来作因果推论，可称之为比较论的消元逻辑。比较方法论中消元逻辑的基本思想基于约翰·斯图亚特·密尔(John Stuart Mill)的求同法和求异法。密尔的求同法用于消除潜在的必要原因。在此，所有 Y(例如社会革命)的实例被加以检查[1]，没有在全部个案中都出现的所有潜在条件作为必要条件被消除。该方法虽然能够作出强有力的否定推断(消元)，但只能实现非常弱的肯定推断。密尔建议，在检验中幸存下来的条件仅可能只是与结果有关联，因为不能排除将来会发现结果出现但被断定的必要条件并未出现的个案(George and Bennett 2005:155—156)。求异法用于检验充分因果关系，在此情况下，将比较两个或两个以上具有不同结果的个案。然后，将两类结果中都出现的条件作为潜在的充分条件消除。密尔的方法得到了进一步发展，以使用基于消元逻辑相同观念的、更复杂的集合论逻辑，来解释产生同一结果的多重因果路径(Ragin 1988，2000，2008；Rihoux 2006)。

比较方法论中使用的消元逻辑不能构成过程追踪研究中因果推断的基础，原因有二。首先，根据定义，比较个案研究根据对个案的受控比较来处理跨个案推断，而过程追踪研究则针对个案内推断，即在特定个案中因果机制是否出现。消元的比较论逻辑不能给我们任何推断杠杆，来确定特定个案研究中是否存在某个机制部件，因为比较法使用规律性理解，导致实际机制被装进黑匣子；取而代之的是，运用消元逻辑来评估相关的模式。[2]

其次，即使我们能够找到两个完全可比的个案，当我们深入研究两

---

[1] 或者至少是 Y 的一个代表样本。
[2] 更正确地讲，条件与结果之间的不变关系模式(pattern of invariant relation-ships)。

者中是否都出现了某种机制的理论化部件时,每个部件将利用的证据的类型也是无法相比的。在某一个案中被视为有力证据的证据可能与另一个案有很大不同。比较方法没有为我们提供任何工具来评估特定个案中不同过程追踪证据的推断权重。例如,在欧文的研究中,观察主要的自由派行动者杰斐逊在法美危机中支持法国自由派的言论陈述,会在多大程度上增强我们对因果机制部件 5 出现或欠缺的信心? 在此,过程追踪(尤其是主观概率的贝叶斯逻辑)为我们提供了一组推断工具,使我们能够以透明的方式评价不同证据的推断权重。

5.3 贝叶斯推断逻辑与过程追踪

贝叶斯逻辑为我们提供了一套逻辑工具,用于评价发现具体证据是否确证/否定了以下假说:某一因果机制部件的存在,关系到先前发现该证据的预期概率。借鉴班尼特(Bennett 2006,2008b)以及科利尔、布雷迪和西赖特(Collier,Brady,and Seawright 2010b)提出的论点,我们认为贝叶斯逻辑应作为过程追踪方法的推断基础,使我们能够透明地、系统地评价我们对证据的信心,而这些证据可以确证/否定假设的因果机制。

依贝叶斯逻辑,分析者根据以前对该现象的了解,将更大的权重赋予预期先验概率较小的证据。"重要的不是个案中适合一个或另一个解释的证据的数量,而是在理论正确的情况下找到某些证据的可能性,与在替代解释正确的情况下找到该证据的可能性。"(Bennett 2006:341)

这种推理基于贝叶斯定理,它是一个简单且无争议的逻辑公式,用于根据研究者在收集数据之前对理论概率以及若理论有效则找到既定证据的概率的信念度,来估计理论被证据支持的概率(Buckley 2004;Howson and Urbach 2006;Jackman 2004;Lynch 2005;Western and Jackman 1994)。

贝叶斯定理的最简单版本是**后验∝似然×先验**（posterior∝likeli-hood×prior）。该定理指出，我们对假说有效性的信念，在收集证据后（后验），等于以相对于其他替代假说而言，该假说为真为条件的证据的概率（似然），乘以基于我们的先验知识一项理论为真的概率。在这里，我们使用"假说"一词来指代关于理论化因果机制每一部件存在的若干假说。

在我们进一步讨论贝叶斯定理的不同部分之前，一种理论（在这里被理解为因果机制各个部件的存在）可以被确证（confirmed）的观点，与仍构成许多社会科学方法论教科书基础的波普式科学证伪理想相矛盾。KKV 赞成地引用了波普的断言"理论并非可证实的（verifiable）"（King，Keohane，and Verba 1994：100）。相比之下，贝叶斯逻辑断定我们既能确证也能否定我们对理论有效性的信心——尽管鉴于经验观察的不确定性，我们对确证或否定都永远不会百分百地有信心。贝叶斯逻辑更接近实际科学实践，我们倾向于对经受了许多独立的经验检验的理论的有效性抱有更强信心（Howson and Urbach 2006：4）。贝叶斯定理还预测，仅用相同数据重复现有学术研究的理论检验并不会更新我们对理论有效性的信心。这是由于贝叶斯"更新"原理所致，前一项研究的发现构成下一项研究的先验。鉴于已经在先前的研究中对数据进行了评估，因而发现数据并不令人惊讶（高似然），因此后验的更新很少或根本没有更新（Howson and Urbach 2006）。相反，当我们从事新的学术研究并发现了除非假设的理论确实存在的情况下极不可能出现的证据时，我们对理论有效性的信念才得到了最强的确证。例如，在国际关系中，20 世纪 90 年代民主和平论作为新的学术研究事业，通过不同的方式和证据形式受到了检验，因而大家对民主和平论有效性的信心显著增强。但是，在进行初步检验后，使用相同的数据和方法对论题进行重复检验几乎无法进一步更新我们对该理论有效性的信心。

当理论的后验概率超过收集证据之前的先验概率时，就可以确证了（或更准确地说是我们对理论有效性的信心增加了）。如果有较高的先验概率（即现有的研究成果表明我们应该对某个理论的有效性相对有信心），并且所收集的证据与以前的研究中所使用的证据相同，则额外的检验几乎无法更新我们对该理论的信心。

贝叶斯定理的三个元素是后验概率、似然和先验。完整的定理可以表述如下(Howson and Urbach 2006:21):

$$p(h|e) = \frac{p(h)}{p(h) + \frac{p(e|\sim h)}{p(e|h)} p(\sim h)}$$

术语 p(h|e) 是后验概率,或者是我们在收集证据(e)后关于因果机制的某一部件存在的假说(h)的有效性的置信度。术语 p(h) 是先验概率,是研究人员根据现有的理论化成果、经验研究和其他形式的专家知识,在收集证据之前对假说有效性的置信度。似然比(likelihood ratio)是根据研究者对与先前研究提供的假说和处境知识有关的假说找到证据的概率的解读,得出发现支持假说的证据的预期概率,与发现假说不正确的证据的预期概率[p(e|$\sim$h)]之比。用公式 p(e|$\sim$h)/p(e|h) 表示。占卜者预言您会遇到一位高个子的神秘陌生人,这很可能发生,意味着观察并不能更新我们对占卜者可以预测未来的假说的信心。但如果占卜者正确预测了陌生人头上有几根头发,则该证据将实实在在地增加我们对占卜者假说有效性的信心(Howson and Urbach 2006:97)。

必须注意的是,没有证据可以百分百确信地确证或否定一个理论:确证是个程度问题。当我们针对假设因果机制各部件的出现/缺失开发出有力的检验时,可以区分确证 h 和替代假说的证据预测,并且当收集到的观察结果相当准确时,我们可以运用贝叶斯逻辑更新我们对是否存在因果机制的置信度。

该公式根据对找到某些证据的可能性的期望,以及我们对基于现有理论化方式的理论的信心的解读的预期(先验),引入了研究者的主观选择程度。这是非贝叶斯派学者广为批评的主题,他们认为这就把到不可接受程度的主观性引入了科学过程。贝叶斯派学者认为,这些预期概率并非纯粹主观的,而是基于先前研究的现有基础(Chalmers 1999;Howson and Urbach 2006)。此外,即使先验在某种程度上是主观的,在经过一系列经验检验以提升对理论有效性的信心之后,无论原先是否采用了两个不同的先验值，最终的后验概率都将收敛在同一数字上（Howson and Urbach 2006：298）。

此外，贝叶斯论者认为，在使用频率论推断逻辑时也会作出许多主观决定，例如显著性水平、零假说的选择和统计估计方法。这些选择通常不是很透明，通常很武断（Howson and Urbach 2006；Lynch 2005：137；Western 1999：11）。在贝叶斯推断逻辑中，"主观"选择是明确而透明地作出的，并且其主观性比显现的要低，因为它们是由现有科学知识提供的，比如以"基于来源 X、Y 和 Z，我们对 A 理论有较高的先验信心"的形式记录下来。

考虑到过程追踪与侦探工作的相似性，我们从经典的夏洛克·福尔摩斯小说《银色烈火》（*Silver Blaze*，A.C. Doyle 1975）中选个例子说明过程追踪之中因果推断的贝叶斯逻辑的相干性。小说中的犯罪活动是对一匹赛马"银色烈火"的神秘绑架。福尔摩斯提出了一个机制理论，以根据其先前的经验可以假设性地解释犯罪活动，然后他前往犯罪现场，调查证据是否支持其假设的机制的每个部件。这种理论化机制的部件之一涉及罪犯是陌生人还是内部人。福尔摩斯注意到一条特别令人讨厌的马厩狗在犯罪当晚没有吠叫，他用这一观察结果来评估该机制这一具体部件的有效性。

> "你认为这很重要吗？"他问。
> "非常重要。"
> "还有别的什么事你想提醒我注意的？"
> "那天夜里，狗的反应很奇怪。"
> "那天晚上狗没做什么呀。"
> "这正是奇怪的地方。"夏洛克·福尔摩斯提醒道。（A.C. Doyle 1975：24）

以数学方式加以说明，我们可以说福尔摩斯对假说 h（关于内部人是罪魁祸首的机制部件的假说）的置信度相当低（例如 20%），这意味着先验概率[p(h)]为 20%，更可能的替代假说（～h）有 80% 的可能成立。先验概率的低值反映了该机制部件——假设内部人绑架了自己的马，相比于更可能的替代解释（例如某个陌生人盗窃了这笔宝贵财产）的相对不大可能性。

在多次探访马厩之后，福尔摩斯和华生掌握了一手情况并听到了观察者的证词说到，当陌生人靠近时，马厩的狗总是会狂吠。因此，基于这些观察结果和"没有叫"的替代解释的不可能性[①]，我们会预期，如果狗没有叫的证据(e)被找到了，它很可能会支持 h[p(e|h)＝90％；p(e|~h)＝10％]。请注意，证据的推断权重是根据就事论事的知识进行评估的。

将先验概率和似然函数代入贝叶斯定理，我们得到以下后验概率，它表示收集和评估证据后我们对假说的置信度：

$$69.2\% = \frac{0.2}{0.2 + (0.1/0.9) \times 0.8}$$

该例说明贝叶斯定理如何为我们提供了一种推断工具，使我们能够在评估所收集的证据的推断权重之后更新我们对假说的置信度。在福尔摩斯的例子中，发现狗没有叫的证据之后，基于我们前面提到的概率，我们发现在收集证据后，福尔摩斯有理由对假说的有效性持更高的置信度（从 20％升至 69.2％）。

这里的关键点是，一件证据显著提升了我们对假说有效性的信心，而使用频率论推断逻辑则永远无法做到这一点。换言之，在过程追踪中，证据不一定具有相同的推断权重(Bennett 2008b)。推断权重反而是给定假说的一件证据预期概率，与发现给定替代假说证据预期概率之间的关系的函数。

当我们在过程追踪中运用贝叶斯推断逻辑时，我们通常不以数学术语表达先验概率和似然函数（尽管为什么不这么做并没有什么逻辑原因），但贝叶斯逻辑在以下评估因果推断过程中，发挥着与频率论逻

---

① 例如狗被下药，这得要求肇事者能够在没有被任何证人注意到的情况下将药品偷偷掺到狗的食物中。尽管这也可能发生，但是比起狗认识肇事者的更简单的解释，发生这种情况的可能性要小得多。

辑在定量大样本研究中同样的重要作用。

遗憾的是,我们发现,许多运用过程追踪的定性学者没有在分析中明确其先验概率和似然比。结果就是他们的工作很容易受到批评,说他们的推断推理很弱。我们认为,在分析中应尽可能明确先验概率和似然比。应该根据现有的理论争论和经验研究,使用这套先验概率和发现证据的似然比术语,对我们相信可能存在的东西进行明确描述。

例如,如果我们基于从权力衰落的现实主义理论和历史研究(例如,Gilpin 1981;Kennedy 1988)之中获得的信息来研究 20 世纪 80 年代末 90 年代初苏联的解体,我们会预期苏联决策者将考虑通过在权力转移期间进行对外军事冒险,来孤注一掷。研究苏联解体时,这种先验概率将为我们的推断提供参考。因此,如果我们正在检验关于合作规范发展的社会学假说,且我们发现了与将会支持社会学假说的预测证据(预测苏联决策者甚至从未考虑过使用暴力)相符的证据,这些找到的证据(即便除非社会学假说是对的,否则不大可能出现),会极大地提升我们对社会学假说有效性的置信度(与我们现有的关于以往权力转移的知识相比)。

贝叶斯逻辑使过程追踪学者,能够以同频率论逻辑和消元逻辑能在定量和比较社会研究中进行跨个案因果推断的方式一样,作出个案内因果推断。

在下一节中,我们讨论使用过程追踪法时可以进行哪种类型的有效推断。最后,我们更详细地讨论可以使用过程追踪法作的推断类型的各种限制。

5.4　在过程追踪法中作因果推断——运用和限制

尽管过程追踪可以就单一个案中(个案内)因果机制的出现作强有力的因果推断——尤其是整个机制的各个部件是否确实出现在特定个案中,但它与超越个别个案的一般化概括(跨个案推断)并不兼容。当我们试图超越个别个案进行一般化概括时,我们不能再依赖过程追踪法和其底层的主观概率贝叶斯逻辑,而需要采用基于频率论逻辑或比较论消元逻辑的跨个案比较法(参见第 8 章)。

在过程追踪中所作的因果推断的类型取决于所使用的过程追踪的具体变体。如第 2 章所述,以理论为中心的过程追踪变体(理论建构/理论检验)具有探察是否有证据表明个案中出现某一因果机制的推断抱负。在此,首先是就该机制的每个部件是否出现来作推断。假定每个部件都被理论化为个别必要的,如果有证据显著增加了我们对每个部件出现的信心,我们就可以推断整个机制出现了。以理论为中心的过程追踪无法推断与现象总体有关的机制的必要性或充分性。相反,解释结果型过程追踪试图对特定结果作出充分解释,这可以通过采用务实的方法论理念来实现(参见第 2 章)。

5.4.1 以理论为中心的过程追踪之中的推断

运用以理论为中心的过程追踪变体,能作的推断范围仅限于个案中是否出现了某种机制。不能就某种现象总体来推断某种机制的必要性或充分性。为了证明与总体有关的条件的必要性或充分性,需要跨个案比较法,例如调查所有 Y 出现了的个案,看看 Y 发生时该机制是否也总是出现(参见 Braumoeller and Goertz 2000;Seawright 2002)。

但是,当我们做理论建构型或理论检验型过程追踪研究时,通常已经使用更合适的跨个案方法检验过理论化的原因(X)的必要性和/或充分性了。就民主和平论而言,许多大样本跨个案研究表明,彼此皆民主(X)是两个国家之间保持和平(Y)的充分解释(例如 Russett and Oneal 2001)。在特定个案(尤其是"最不可能"的个案)中确证因果机制的存在,可以证实解释变项(X)与使用跨个案比较或统计方法发现的结果之间的稳健相关性,我们可以基于过程追踪研究推断此处的相关性实际上是因果关系,其中 X 通过某一因果机制与结果连接起来。

人们普遍认为以理论为中心的过程追踪可以用来检验两种相互竞争的理论,但在大多数情况下这种信念是错误的。在复杂的社会世界中,大多数结果是多种机制同时作用的产物。因此,以理论为中心的过程追踪可以得出的推断仅限于断言该个案中出现了一种机制,且该机制按预期起了作用。不能断言该机制是不是使结果 Y 发生的唯一因素,换句话说,我们不能基于单个理论检验就断言充分性。

在进行理论检验时,对该因果机制某一部件预测证据的替代理论解释构成了似然比的~h 元素。然而,在大多数情况下,替代理论机制并不能对机制每个部件都构成~h。例如,如果我们正检验一种理性决策机制,该机制的部件 1 是决策者收集所有相干信息。检验此机制可能涉及似然比,其 h 是理性机制的部件,而对于预测证据来说最相干的替代解释(~h)可能是规范性解释。但对于部件 2(定义为识别所有可能的行动方式),其预测证据最合理的替代解释(~h)可能是官僚政治解释。换言之,单一竞争机制通常不会为因果机制的每个部件提供最合理的证据替代解释。

唯一的例外是,当有可能以由相同数量的部件组成的方式来对两个竞争机制进行概念化和操作化时,它们彼此正相反,且彼此排斥。例如,莫拉夫茨科(Moravcsik 1999)的研究设计(参见第 4 章)提出了一种超国家创业机制,其形成方式与政府间讨价还价机制截然相反。如果分析发现一个存在,那么另一个逻辑上就不存在。每个部件都以竞争性理论在逻辑上构成~h 的方式加以操作化,从而可以进行竞争性理论检验。然而,这是社会研究中罕见的情形;更常见的情形是各种理论同时起作用。因此,我们只能推断出某种机制出现,并意识到其他机制也能有助于产生 Y。

检验竞争性理论的一种更可行的选择是进行两步研究设计,其中在过程追踪理论检验之前或之后,使用一致性方法对竞争性理论进行评估。如果先使用一致性方法,则将竞争理论(理论 X_2)概念化并作为因果理论($X_2 \to Y$)进行检验,而不是像在过程追踪中那样转化为一种机制。基于个案中自变项的值(X_2),一致性方法涉及检验依该理论所作的对结果的预测,是否与该个案中发现的结果相一致(Blatter and Blume 2008;George and Bennett 2005:181—204)。如果在检查个案结果时,未找到竞争性替代理论预测的可观察到的影响,则分析者可以继续进行第二步,运用过程追踪来检验是否如预期的那样存在一个理论化的机制(X_1和一个机制)并起作用。如果找到了机制,则可以得出结论:X_2无法解释该个案的结果,而X_1通过发现的机制与结果因果地联系起来。

在过程追踪理论检验之后使用一致性方法,是一种检查研究发现是否不过度偏向于邝云峰所说的"对原始数据作过于主观的解读"的方法(Khong 1992:66)。在这里,使用一致性方法检验结果的替代解释,评估其与理论X_1和机制相比,它们与结果是否具有更大的一致性或一贯性。邝云峰运用这种两步分析法在理论检验中加强了他的推断,即某种观念性机制(历史类比)在越南战争期间美国决策之中所起的作用。在发现替代理论的预测结果与个案的结果不匹配之后,他就能作出更强有力的推断,认为观念性机制与采用的决策因果性地联系起来。

基于贝叶斯推断逻辑,对因果机制的每个部件进行理论检验推断,其中,机制的每个部件都被加以检验,看看我们是否可以更新对其存在或不存在的信心。从理论上讲,每个部件都是单独必要的。因此,如果我们对一个部件存在的信心大大降低,那么我们可以推断出该机制作为一个整体没有以理论上的方式出现。因此,我们对整个机制出现的推断仅与我们的经验检验中最薄弱的环节一样强(参见第 6 章)。如果我们无法推断出该机制出现,那么结果要么是得出该机制缺失的结论,要么得再进行一轮理论构建以提出更准确的因果机制。

5.4.2　以个案为中心的过程追踪之中的推断

当过程追踪研究的目的是解释一个特定结果时,该研究实际上是在试图确证解释的充分性。更确切地说,我们应力求提供一个"最低限度充分的"解释,且没有多余的部件(Mackie 1965)。一个有关充分性的日常例子是,如果存在必要的背景因素(有电且电路和灯泡都没有损坏),那么当我打开开关时,连接电源和灯泡的机制被激活,灯总是会亮起来。民主和平论的倡导者以同样的方式假定,只要有两个民主国家,就足以产生和平,即便是在两个国家之间存在如此强烈的利益冲突,以致存在显著的战争危险的情况下亦复如此。

解释结果型过程追踪研究可以演绎地开始或归纳地开始(参见第2章)。例如,当我们试图解释一个经过充分研究的现象的给定实例时,分析者可以用演绎的方式进行,在比较理论检验中检验现有的理论,看看他们可以解释具体结果的哪些方面。当我们研究一个极少被研究的现象时,分析者可以采用与法医学[如电视节目《犯罪现场调查》(CSI)所普及的]更相似的方式进行研究。在这里,调查人员从尸体(特定结果)开始,然后根据从多种不同来源收集到的适用证据,回溯研究以建构一个合理的理论。法医证据采取物理证据的形式,例如头发样本,但调查者还依赖其他形式的证据,例如证人证言。这种归纳研究的形式似乎是从头开始的,但除却极端的实例外,调查者都将从过去的经验和现有的理论中汲取灵感。

在大多数情况下,单一的理论化因果机制不足以解释结果,因此必须辅以其他兼容理论或新理论的新部件,以实现最低限度的充分性。不过,此更复杂机制的所有部件对于该机制必须是个别必要的,并且整个机制仅需要实现最低限度的充分性。这些要求使我们的分析注意力集中在尽可能简约的解释上。

当我们看到它时,我们怎么知道这是最低限度充分的解释呢? 施姆梅尔芬尼格的研究(Schimmelfennig 2001)是一个很好的例子。他以国际合作的理性主义和社会学理论这两种相互竞争的理论化因果机制为出发点,来解释现有欧盟成员国对东扩的立场。毫不奇怪,施姆梅尔芬尼格发现,哪一种都不能完全解释结果(都不是充分的),因此他作了理论综合,从结果回溯,形成了逻辑上连贯的、涉及"修辞性行动"的更复杂的理论机制。他提供了有力的证据,表明个案中出现了更复杂的机制,足以解释结果。当可以证实结果中没有重要的方面没被解释到时,就可以确证充分性了(Day and Kincaid 1994)。

但是,由于纳入了非系统性部件和就事论事的合成机制,并且由于结果是唯一的(它并非某种现象之一例),我们无法使用过程追踪法来确定给定机制相对于更广泛的相干个案而言,有多经常是充分的。基本上,这里的解释是就事论事的(Humphreys 2010:269—270)。因此,如果我们想研究整个总体上的充分性,则跨个案比较设计更为合适(例如原因设计为取正值)(参见 Dion 1998)。

充分性自然并不意味着机制 X 是通向 Y 的唯一真实路径,而仅仅是说如果机制 X 发生,就足以产生 Y。麦凯(Mackie 1965)用过一个经典示例说明我们如何能解释什么导致一栋房屋发生火灾(Y = 房屋火灾)。在某个具体个案中,短路、放置失当的洒水喷头,以及存在易燃材料足以引起火灾。但是,房屋火灾的替代路径是可能的,包括瓦斯爆炸或闪电,再加上缺少洒水装置和存在易燃材料。

5.4.3 结论

表 5.4 说明了用过程追踪法可以和不能作哪些形式的推断。可以用过程追踪法来确证/否定因果机制各部件的必要性。尽管如果我们将一种机制概念化为可以跨个案进行比较的一组干预变项,就可以使用跨个案比较,但那样我们将看不到假设的、使该机制产生结果的因果力量。

表 5.4　过程追踪法可被用以作因果推断的研究情形

在单一个案中检验一个因果机制各部件的必要性	在总体层次上检验机制作为一个整体的必要性	在单一个案中检验某个机制的充分性	在总体层次检验某个条件的充分性
过程追踪(所有变体)	非过程追踪 代之以使用比较跨个案设计 (例如结果设计为取正值,所有 Y)	解释结果型过程追踪	非过程追踪 代之以使用比较跨个案设计 (例如原因设计为取正值,所有 X)

我们已提出,对解释结果型过程追踪可以确证/否定单一个案研究中某一机制最低限度的充分性,但不能用在更广泛的总体上。过程追踪法不能检验一个机制的必要性,因此,我们需要依靠其他跨个案比较方法来检验某一机制作为一类现象起因的整体必要性。

实践中,过程追踪法的大多数现有应用是做混合研究。过程追踪研究通常由一组 2—5 个个别过程追踪个案研究组成。在内部，每个过程追踪研究都利用对因果性的机制论理解，就因果机制的单个部件是否出现以及该机制本身是否足以产生具体结果作因果推断，或检验因果机制是否出现在给定个案中（从而展现 X 和 Y 之间的因果关系，而不仅仅是相关关系）。在此，用过程追踪来作个案内推断。但是，跨个案例推断是使用比较设计来作的，比如选择最不可能的个案或个案集合（参见第 8 章）。

6 对因果机制的经验检验

第 4 章讨论了我们应该如何发展理论,其中因果理论($X{\rightarrow}Y$)应被重新概念化为由一系列部件组成的理论化因果机制,每个部件都可被认为是关于我们对机制存在的先验概率[p(h)]预期的假说(h)。在第 5 章中描述的贝叶斯推断逻辑中,经验检验的目的是根据已发现的经验证据来更新我们对假说的置信度。我们更新假说的后验概率的能力取决于证据的概率以及我们的经验检验区分支持 h 的证据和支持替代假设(∼h)的能力。本章讨论在过程追踪研究中如何开发对假设机制的经验检验。

检验理论化的因果机制,涉及提出有关因果机制每个部件的、预期可观察到的表现形式(如果机制出现我们应可看到)的就事论事的预测。我们将这些可观察表现形式定义为若因果机制的每个部件出现则我们应期望找到的证据。在提出这些就事论事的预测时,我们会运用我们有关这些个别个案的处境知识。预测证据类似于阿德考克和科利尔(Adcock and Collier 2001)所说的理论概念的"经验指标",尽管我们用该术语指的是机制每个部件的预测证据,而不仅仅是 X 和 Y。

在本章开头,我们将进一步发展用于对过程追踪中理论化因果机制进行经验检验的贝叶斯基础,说明我们更新对因果机制和所有部件出现的信心的能力如何取决于(1)证据的概率[p(e)],(2)似然比[p(e|∼h)/p(e|h)]和(3)理论性先验。第 6.2 节讨论运用于过程追踪分析的不同类型证据,区分模式、次序、痕迹和记述证据。第 6.3 节提出了四种检验类型,用于提出预测,即如果 h 是有效的,我们应该期望找到哪些证据,主张我们应尝试将预测的确定性和独特性最大化,从而将我们根据

经验证据更新自己对假说的信心的能力最大化(Van Evera 1997)。我们将提供可最大限度地提升我们预测的确定性和独特性的实用建议。最后,我们以官僚政治机制为例,说明与开发经验检验相关的挑战。

6.1 贝叶斯更新

在过程追踪分析中检验理论的关键是最大限度地提升我们的经验检验对假设因果机制诸部件存在与否的推断能力。检验越强有力,我们就越能更新自己对假设机制的各部件出现/缺失的置信度。为了理解检验力度,尤其是证据更新我们信心的能力,我们需要更仔细地考察贝叶斯理论中的三个术语:证据概率、将假说与证据联系起来的似然比,以及理论性先验。

证据概率[p(e)]的重要性在贝叶斯的原始定理,或所谓贝叶斯定理的第一式中可以看得最清楚(Howson and Urbach 2006:20—21)。这是一个比第5章中出现的更为简单的版本。

$$p(h|e) = \frac{p(e|h)p(h)}{p(e)}$$

在此,后验概率[p(h|e)]等于以假说有效为条件的证据的概率乘以假说的概率,再除以证据本身所取的概率。因为p(e)是分母,当证据的概率降低时,在其他条件相同的情况下,证据更新后验的能力也会增强。如果发现更多令人惊讶的证据[低p(e)],则与没有那么令人惊讶的证据相比,我们对假说的信心增加得更多了。考虑到它的不可能性,比起一个典型的狗咬人的故事,如果发现了人咬狗的故事,其推断权重要更高。在第7章评估证据的讨论中,我们将回到证据概率p(e)的问题上。贝叶斯更新中我们感兴趣的第二个术语是似然比,其影响在第5章出现的贝叶斯定理第三式中看得最清楚。似然比为p(e|~h)/p(e|h)。似然比应视为若替代假设(~h)为真,则发现预测证据的概率

(e)比上若假说为真时的发现证据的概率。该比率抓住了区分支持 h
和支持~h 的预测证据的经验检验的能力。若 h 预测 e,则 e 的出现将
提升我们对 h 有效性的信心,这取决于似然比的大小。当 p(e|h)高而
p(e|~h)低时,找到 e 会大大增强置信度。虽然该比率将~h 描述为
单一替代假说,但也可以将其定义为 h 的任何合理替代假说。

$$p(h|e) = \frac{p(h)}{p(h) + \dfrac{p(e|\sim h)}{p(e|h)} p(\sim h)}$$

在实际研究中,我们经常缺少某一因果机制部件的明确描述的替
代假设解释,即使我们有相对明确的替代者,通常也很难设计出不会使
h 优先于~h 的检验,反之亦然。例如,在检验理念性机制与物质利益
机制作为对 1989 年苏联阻止华沙条约组织国家的革命时没有动用武
力的解释时,坦嫩瓦尔德建议,对以物质因素为出发点的机制进行检验
时,优先物质主义的解释,反之亦然(Tannenwald 2005:22—23)。她指
出:"更大的问题是,从理念或物质因素出发来评估观念的作用最终是
无解的,并将仍然是学者之间意见分歧的基本点。"然而,她仍旧务实地
尝试开发对 h 和~h 的平衡检验,例如,通过考察行动者所考虑的选择
范围,来看某些选择是否被认为是不可想象的(理念的作用)或是否所
有合理的选择都被考虑了(物质利益)(Tannenwald 2005:23—24)。

即使存在完善的替代方法,对机制部件两个彼此对立的竞争性假
说(h 和~h)的检验也可能退化为某种类似电影《疯狂的麦克斯 3》
(*Mad Max beyond Thunderdome*)中所见的角斗士竞赛,两人进入,
一人离开。在这些类似角斗士的竞赛中,~h 通常用非常简化的形式
加以描述,甚至在分析开始之前其命运就被封印了(Checkel 2012)。

因此,我们赞成班尼特的建议,即我们应该广撒网,寻找对机制特
定部件的预测证据作的各种替代性合理解释,从而避免进行粗略的"要
么/要么"的分析(Bennett 2008a:707)。在检验机制的每个部件时,我
们会提出以下问题:是否可以提出合理的替代机制? 对预测证据还有
别的合理解释吗?

最后一步是定义理论性先验,它被理解为给定的假设机制(及其部

件)有效的预期概率[p(h)]。当我们在经验分析中作因果推断时,更新对机制部件有效性的信心水平的过程,受惠于我们有关机制作为整体出现的信心的先验信念。[①]

如果我们要检验是否存在民主和平机制,那么我们的先验将是,基于自己所知的,我们对机制存在的信心。但在政治学不同的研究传统里,关于先验预期水平问题的回答各不相同。就民主和平论而言,由国际关系现实主义传统派生的怀疑者认为,尽管已进行了大量的定量和定性研究,但该论题为真的先验概率相当低[低 p(h)]。例如,现实主义者争辩说,民主(X)与和平(Y)之间找到的相关关系是混杂变项(如民主国家分布于冷战期间分裂的其中一方)的产物(Farber and Gowa 1997;另见 Layne 1994;Rosato 2003)。因此,在特定个案中,现实主义者会以较低的先验概率作为起点来作过程追踪分析。

如第 5 章中简要讨论的那样,使用先验概率会在分析中带入一定程度上不可避免的主观性。在贝叶斯统计分析中,标准程序是通过模拟后验如何依据不同的先验发生变化,来检验后验概率对先验估计的敏感性(Jackman 2004)。我们无法在定性研究中做到这一点;因此,当文献对先验存在显著分歧时,最好的选择是使用 p(h)相对于 p(~h)的保守估计。换句话说,我们使我们的分析有偏于 h,而更转向替代理论(Lynch 2005)。

此外,先验可为所有科学研究提供信息,并通过明确表述它们,我们让其纳入变得透明(Chalmers 1999;Howson and Urbach 2006)。例如,在过程追踪分析中,我们应声明"基于先前的研究,我们对理论命题 X 是有效的具有先验的相对信心"。然后,在我们的个案研究中,理论经过经验检验之后,此先验可为更新我们对理论的信心的程度进行后续评估提供依据。

最重要的是,先验往往会在有经验证据的反复遭遇之后被淘汰(Howson and Urbach 2006:298)。做民主和平机制研究的现实主义和

---

① 在大多数研究情况下,为机制的每个单独部件定义理论先验几乎没有意义,因为我们的先验是基于我们对因果关系和机制整体的经验性和理论性知识。

自由主义学者将从不同的先验开始,但是在反复进行经验研究之后,会收敛于同一后验,前提是假定开发出来的强有力的经验检验未赋予理论化机制之一以特权,且经验证据是准确的。

6.2 过程追踪中的证据类型

检验过程追踪分析中是否出现因果机制,涉及调查我们基于理论对经验记录中将看到的预测是否与现实相符。我们是否找到了该机制各部件的预测证据?在这儿,在证据法中使用的术语"相干证据"(relevant evidence)是适当的。美国联邦证据规则 401 把"相干证据"定义为"证据具有某种倾向,使决定某项在诉讼中待确认的争议事实的存在比没有该项证据时更有可能或更无可能"。

与数据集观察结果相比,过程追踪中的预测证据更类似于科利尔、布雷迪和西赖特(Collier,Brady,and Seawright 2010b:184—188)所言的"因果过程观察结果"或班尼特(Bennett 2006:341)所指的过程追踪观察结果。过程追踪中的各件证据是不可比的,因为它们采用多种不同的形式,取决于哪种类型的证据最适合检验因果机制的某个特定假设部件。如前所述,只有用我们对具体个案的处境知识对观察结果进行评估后,观察结果才成为证据($o + k \rightarrow e$)。

过程追踪分析中有四种可区分的证据类型:模式、次序、痕迹和记述。模式证据与证据中统计模式的预测有关,例如,在检验涉及就业的个案中的种族歧视机制时,就业统计模式会与检验该机制的某些部件相干。次序证据处理由假设因果机制预测的事件的时间和空间时序。例如,对假说的检验可能涉及对事件时机的预期,在这种情况下,我们可预测如果 h 有效,那么我们应看到事件 b 发生在事件 a 之后。但是,如果我们随后发现事件 b 在事件 a 之前发生,则该检验表明应该降低(否定)我们对该机制这一部件有效性的信心。

痕迹证据是仅凭其存在就提供了某种假设机制的部件存在的证

101

据。例如,如果存在会议的正式记录(如果可靠的话),则可以提供有力的证据证明会议已举行过。最后,记述证据处理经验材料的内容,例如详细记录讨论内容的会议纪要或对会议中发生的事情作的口头说明。邝云峰(Khong 1992)在说明越南战争升级中美国决策者考虑的一系列政策选项时运用了这种类型的证据。

在设计经验检验时,我们需要清楚地表明应期望看到哪种类型的证据,看看是否存在某种假设的机制部件。在莫拉夫茨科的示例中(参见第4章),可以将对有关委员会拥有特权信息的假说的检验操作化为:"我们应预期看到,在最敏感的谈判领域,与政府相比,委员会可以更好地了解谈判内容和谈判状态,拥有更详尽的议题简报和关于谈判状态更准确和更新的信息。"在检验该假说的个案中,我们应期望在委员会档案而非国家政府档案中看到以更大数量的内部研究论文和记录谈判状态的文件形式呈现的模式证据。在这儿,大量观察结果形成了证据,而处境知识在评估每份文档是研究论文还是谈判状态的描述(不同行动者在谈判中的具体点上想要什么)中所起的作用较小。其次,另一种相干证据是记述证据,我们应预期谈判参与者在访谈中能证明,委员会对问题的内容和谈判的状况都有更好的了解。例如,处境知识将用于评估每次访谈以发现潜在的偏见源。

6.3　检验力度

过程追踪中经验检验的逻辑是,如果我们期望 X 产生 Y,则 X 和 Y 之间的机制的每个部件都应留下可在经验材料中观察到的预测经验表现。要探察这些表现形式或指纹,就需要提出精心制定的就事论事的预测,预测若假设的机制部件存在则哪些证据是我们应预期看到的。在过程追踪中使用的预测证据与其他深入的个案研究方法(比如一致性方法)之间的主要区别在于,在过程追踪中,应以同时捕捉到涉及因果机制每个部件的实体和活动的方式提出预测,而一致性检验通常在经验过程中不同时间点上(t_0，t_1，……，t_n)检验对 X 和 Y 各自的相同预测。

换句话说，在过程追踪中的经验检验应设计成去捕捉因果力量通过理论化的因果机制传递留下的痕迹。贝叶斯逻辑表明，在设计经验检验时，我们需要将证据的推断能力最大化，以更新我们对假说有效性的信心(Good 1991)。这涉及对以下方面作出强有力的预测：(1)如果因果机制部件存在，我们应该期待看到哪些证据，以及(2)什么可以算作替代假说的证据，同时要考虑到(3)当预测证据没找到时，我们能得出什么结论，即，什么算作反面证据(～e)。在将因果机制各个部件操作化为一系列检验时，我们需要考虑当我们找到 e 时和没找到 e 时(～e)，用经验检验来更新我们对 h 有效性的信心的能力。

范·埃弗拉引入了一套有用的术语来评估检验力度，可适用于过程追踪检验，并且与贝叶斯更新的底层逻辑兼容(Van Evera 1997：31—34)。

首先，当我们找到预测的证据时可以作出什么类型的推断？找到 e 是否会增强我们对与合理的替代解释有关的机制部件存在的信心？范·埃弗拉用"独特预测"(unique predictions)一词来指与其他理论的经验预测不重叠的经验预测提法。独特性对应于似然比，即提出了把相对于 p(e|～h)的 p(e|h)的值最大化的预测。因此，如果我们以一种非常独特的方式提出了一个假说，并且找到了预测的证据，那么在该机制部件出现的情况下，我们的信心就增强了。在第 5 章的夏洛克·福尔摩斯案例中，预测发现狗没有叫是非常不寻常的，而关于狗没有叫的其他解释相当不合理[p(e|h)相对于 p(e|～h)很高]。

第二个维度涉及当我们找不到预测的证据时可以作出什么样的推断。如果找到～e，是否可以更新我们对该机制部件不存在的信心？若 h 有效，我们必须看到哪些经验证据？范·埃弗拉(Van Evera 1997)将其称为"特定预测"(certain prediction)，意味着该预测是毫不含糊的，且该预测(e)必须被观察到，否则该理论就未通过经验检验。逻辑上讲，假定 p(h)>0，当 p(e|h)＝1 时，则 p(h|～e)＝0(Howson and Urbach 2006：93)。这意味着，如果我们的预测最大程度地确定并且找到了

～e,则我们对 h 的后验信心为 0,这意味着我们已最大程度地否定了 h 的存在。波普(Popper)对这种逻辑非常着迷,将其用作证伪原则的基础。然而,证伪是一种误导策略,因为我们永远无法 100% 地确保收集到的证据是准确的或该检验是 100% 确定的(Howson and Urbach 2006:93)。因此,否定应被理解为程度问题。如果找到～e,我们就会降低对与经验预测的确定程度相联系的理论化机制部件的存在的信心。然而,鉴于社会科学数据的含糊性,我们永远无法证伪一个理论。

范·埃弗拉从这两个维度上对预测检验的不同类型作了分类,得出了四种理想型检验类型:稻草随风倒(straw-in-the-wind)检验、环箍(hoop)检验、枪口冒青烟(smoking gun)检验和双重决定性(doubly decisive)检验(Van Evera 1997:31—34)。通过勤奋地完善我们的预测,我们可以将检验力度进一步推向更确定、更独特的检验方向,基于这样的想法,这些维度实际上应该被理解为连续统(参见图 6.1)。同时,由于不可能完美地测量社会现象,百分百确定的或独特的检验就是团鬼火,不可能做到。因此,检验力度是个程度问题,最好表示为连续统。

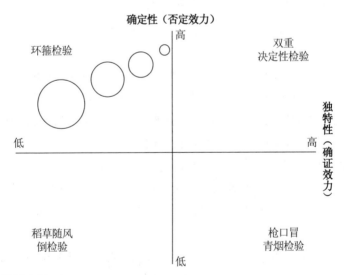

图 6.1　因果机制部件检验的类型

资料来源:基于 Van Evera 1997:31—34。

最弱的检验类型是稻草随风倒检验。这些是具有低水平独特性和低水平确定性的经验预测。无论我们发现 e 还是~e,这些检验对更新我们对某一假说的信心几乎没有作用,因为通过检验和检验失败都几乎没有任何推断上的相干性。班尼特(Bennett 2008a)提出了一个稻草随风倒检验的例子,检验理念或物质利益是否对 1989 年苏联不动武很重要。仅考虑苏联总理 * 戈尔巴乔夫的观点并检验这两个假说的预测就没有定论,因为"任何个人的政策观点,即使是一个像戈尔巴乔夫一样具有历史重要性的个人,也不能确切地表明,在推动和塑造苏联政策的变化中,物质激励比理念更重要"(Bennett 2008a:716)。

环箍检验涉及确定但非独特的预测;这种检验的失败(发现~e)降低了我们对假说的信心,但发现 e 并不能作出推断(Bennett 2006;Van Evera 1997)。例如,在刑事审判中,诸如"被告在谋杀发生之日是否在镇上?"和"嫌疑人是否太壮,无法从凶手进入房屋的窗户中挤进去?"之类的问题就是环箍检验,假说需要通过它。但是,发现犯罪嫌疑人在镇上并不能确证嫌疑人有罪,而发现犯罪嫌疑人不在州内则或许表明其无罪,视乎支持犯罪嫌疑人不在场证据的准确性而定。在实践中,环箍检验经常被用来排除替代假说。

图 6.1 描述了具有不同直径的环箍检验,表明随着我们加强环箍检验的独特性和确定性,我们会增强检验力度。随着假说必须钻过的范围逐渐缩小,当我们找到 e 或~e 时,更新我们对假说有效性的置信度的能力就会提升。对罪案发生时嫌疑人就在州内的预测是个大环箍,而更紧密的环箍将是嫌疑人在罪案发生时是否在附近。由于后面的检验对假说而言更难钻过,因此检验的推断价值就更大了。

枪口冒青烟检验是一种非常独特的检验,但其预测的确定性很低或没有。在这里,检验通过意味着强有力地确证了一个假说,但检验失败并不会强烈破坏它。谋杀后嫌疑人手中冒着青烟的枪指认了嫌疑人,但如果我们没有找到枪,嫌疑人并不会就此脱罪。用贝叶斯术语来

---

* 原文如此,有误。1989 年苏联部长会议主席(政府首脑)是雷日科夫。戈尔巴乔夫当时担任苏共中央总书记、苏联最高苏维埃主席团主席(国家元首,1989 年 5 月 25 日后改称最高苏维埃主席,1990 年 3 月 15 日后改为"苏联总统")。——译者注

说,似然比很小,在给定 h 的情况下发现 e 的概率非常高,而~h 则极不可能,因此当我们发现 e 时,极大地增加了我们对 h 有效性的信心。但是,考虑到较小的似然比通常意味着相对不太可能的证据[p(e)低],采用这种类型的检验是种高风险策略,从本质上讲,这使得 e 很难被找到。但是,如果找不到 e,我们就无法更新对 h 有效性的信心。换句话说,两难困境是,除非我们找到 e,否则枪口冒青烟检验是没有意义的(无法更新),但是如果我们设计一个较弱的检验,增加发现 e 的概率[即 p(e)更高些],若找到 e,我们更新后验的能力则将显著降低。

最后,双重决定性检验将确定性和独特性结合在一起。如果找不到证据,我们对假说有效性的信心就会降低;同时,该检验在支持该假说的证据和替代假说之间有很大的区别(小似然比)。在刑事审判中,双重决定性检验可能是犯罪现场的高分辨率监控摄像头的录像带。可以在录像带中识别出犯罪嫌疑人的预测是相对确定的,因为如果未找到预期的证据(在录像带上捕捉到嫌疑人),并且录像带未被篡改,我们可以有合理的信心得出结论:嫌疑人是无辜的。进而,如果录像带显示嫌疑人犯罪,除非有证据表明嫌疑人是被胁迫行事(高独特性),否则该检验将确证有罪。

因此,双重决定性检验是理想的。但是,在现实世界的社会科学研究中,鉴于很难找到和获得能够进行双重决定性检验的经验证据类型,也就几乎不可能以这种方式提出预测。此外,检验的独特性和确定性之间通常存在反向关系,因为经验预测越独特,我们找到证据的可能性就越小,反之亦然。

我们提倡寻求将确定性和独特性水平都最大化。然而,迫不得已时,我们得在确定性和独特性之间做选择,我们建议在基于贝叶斯逻辑的过程追踪检验设计中将确定性优先于独特性。正如我们在第 3 章中讨论的那样,因果机制的每个部件都应被视为个别必要的。尽管通过某种形式的枪口冒青烟检验将大大增强我们对因果机制中给定部件出现的信心,但找不到冒烟的枪并不能告诉我们任何事情。因为我们正在对机制的每个部件进行有效的单一个案研究,所以我们需要设计具有相对较高确定性的检验(环箍检验),因为某一预测证据缺失(～e)允许我们以合理程度的确定性推断该机制部件不存在。

此外,可以在过程追踪研究中作一簇环箍检验,其中针对机制的每个部件都提出了有关我们必须在证据中找到的东西(确定性)的多个独立环箍检验。把若干环箍检验结合起来检验 h 时,结果是加和效应增强了我们更新对 h 有效性的信心的能力,因为在每个连续环箍之后,无效假说在多个独立的环箍检验中幸存下来的概率会下降。在其他条件相等的情况下,收集的独立证据种类越多,对假说的支持力度就越强(Howson and Urbach 2006:125—126)。

6.3.1 示例:改进检验力度

我们力求使因果机制各部件的检验力度最大化。在第 5 章中,我们讨论了莫拉夫茨科(Moravcsik 1998, 1999)对超国家行动者在欧盟谈判中的影响的理论化过程。莫拉夫茨科(Moravcsik 1999)检验了一个因果机制是否存在,其假定是如欧盟委员会这样的超国家行动者因其相对的信息优势而在欧盟谈判中获得影响。因果机制的一个部件被概念化为"欧盟委员会享有获取信息的特权"。

一项作稻草随风倒检验的假设性示例提出,不确定和非独特的预测来检验假设的部件可以是我们应"期望看到欧盟委员会有许多公务员"。但是,在范·埃弗拉提出的两个维度上,这都是一项弱检验。首先,该检验具有低水平的确定性,因为我们需要的信息不是公务员本身的数量,而是这些官员相对于国家公务员是否具有相对信息优势。其次,检验的独特性低,因为即便找到许多公务员,也可以通过竞争理论来解释,例如政府间主义理论。政府间主义会提出,大多数公务员都是翻译,因此对准予欧盟委员会享有获取信息的特权没有任何帮助。

该检验可以在两个维度上都得到改进,使其接近于双重决定性检验。将检验表述为我们应"希望看到在最敏感的谈判领域,欧盟委员会比政府更了解谈判的内容和工作状态,拥有有关谈判现状更详细的议题简报和更准确、更新的信息"。该检验具有更高的确定性，因为找到这一证据对于提出欧盟委员会拥有特权信息的论点至关重要。此外，这种预测是非常独特的，因为如果竞争性替代理论（例如政府间主义）是正确的，则我们将不用预期会看到这种现象。用贝叶斯术语讲，以这种方式提出假说有助于我们提升似然比，从而在找到支持我们理论的证据时增强对理论的信心；同时，确定性水平使我们能够在找不到 e 而发现～e 的情况下更新对该机制部件不存在的信心。

6.3.2 总结

在对因果机制的经验检验进行操作化时，我们对如果假设的因果机制部件出现则应该期待在经验记录中看到什么作了预测（预测证据），以确定性和独特性水平最大化的方式提出来。在为机制的每个部件提出我们将看到什么类型的证据作预测时，以类似于刑事审判中扮演双方（检察官和辩方）的方式进行思考是很有用处的。如果假设的机制部件出现，则经验记录中必须出现哪些证据（确定性）？如果找到，我们是否可以用替代假说（～h）来解释证据（独特性）？

检验过程针对因果机制的每个部件进行。如第 5 章所述，我们对因果机制出现的推断力度取决于对机制每个部件进行检验的能力，以显著地更新我们对其出现的信心（提升或下降）。因此，我们对因果机制出现的推断仅与最弱的检验一样强，至关重要的是，我们努力使每个部件的检验力度最大化。在实践中，我们经常发现检验中间的部件比检验因果机制的开端和结果要困难得多。面对这一挑战，我们建议对有关该机制的存在和运作的推断要适当谨慎。分析必须明确标记最弱的（诸）连接，例如，通过指出只能用稻草随风倒检验来检验部件 3，而该检验几乎无法更新我们对该部件出现/缺失的信心。同时，我们必须现实一点，如果我们可以对机制的许多部件提供强有力的检验（最好是双重决定性检验），并且可以找到预测的证据，那么我们可以审慎地得出结论，即我们已经更新了我们对该机制作为整体出现的信心。

鉴于我们通常不具备简单的机制,因此在解释结果型过程追踪中进行检验通常是一项更为棘手的任务。反而,我们想要检验具有不同部件的多种重叠机制的出现,包括非系统性机制。不过,与从事解释结果型过程追踪的学者所采取的实用主义的本体论和认识论立场相一致(参见第 2 章),我们还需要承认,这里的经验检验通常更具工具性。理论化的机制被视为启发式工具,指导我们调研提出有说服力的解释(Humphreys 2010:268)。经验分析更接近于在迭代研究设计中校准就事论事的解释,以说明理论化的机制与数据之间的出入(Jackson 2011:146—147)(参见第 2 章)。不过,贝叶斯逻辑和检验的力度仍为所作的因果推断提供了基础,但是与以理论为中心的过程追踪变体相比,它们以更宽松、更务实的方式加以运用,在后者中,目标是更为工具性的,即评估预测证据与实际发现之间的相似性,以及给定的理论化机制根据似然比说明这些结果的能力。

在本章的其余部分,我们将提供一个扩展的示例,表明在理论检验型过程追踪中应如何将因果机制概念化和操作化,展现在实际研究情形中我们面临的许多挑战。

6.4　因果机制概念化和操作化的扩展示例:研究官僚政治

在这个例子中,我们尝试构建一个可以在单一个案过程追踪研究中检验假设的官僚政治因果机制的出现/缺失的设计。此例说明了使用过程追踪法和设计可测量和评估假设的因果机制不同部件存在的检验的一些挑战。具体个案涉及在欧盟宪法谈判中就主权让渡给欧盟问题对各国立场进行的部际协调。基本问题是,政治家是否控制国家立场的制定,或者官僚自利是否在将社会偏好转化为可谈判的国家立场方面发挥作用。

6.4.1　官僚政治机制的概念化

公共行政研究和外交政策分析(FPA)中有大量文献表明，国家如何组织，在内政和外交政策中都很重要，组织方式被视为输入(社会偏好)与结果(各国立场)之间的关键干预变项。在官僚政治理论中，各部委试图通过拖拖拉拉、讨价还价来追求自己狭隘的制度利益(Allison and Zelikow 1999；Bendor and Hammond 1992:317—318；Caldwell 1977:95；Hermann et al. 2001；Jones 2008；Michaud 2002；Peters 1995；Preston and 't Hart 1999；Rosati 1981)。政策结果不仅是国家利益和解决方案合理匹配的结果，而且被视为内部冲突、妥协和各竞争部委之间谈判的产物更好。此定义不同于由艾利森和泽利科(Allison and Zelikow 1999)提出的政府政治的所谓修订模型，即更聚焦于不同高级政治人物(内阁官员)与总统之间的高层政治斗争，而不是政府官僚之中较低层级的部际战斗。在这儿，我们感兴趣的是解释部际战斗(官僚政治)如何产生了比"国家利益"(即国内经济集团和其他社会行动者的利益)更能反映部委官僚自利的结果。

我们从委托-代理理论可知，政治官员(部长)作为委托人与各部委文官(代理人)处于"是，大臣"的关系(例如，Bendor，Glazer，and Hammond 2001；Epstein and O'Halloran 1994；Strøm 2000)。行政部门依靠官僚将他们所布置的基本立场转变为详细的并可谈判的国家立场，从而赋予官僚广泛的机会，使结果偏向自己的偏好(Peters 1995)。相反，部长们可以用集中协调机制来控制官僚的工作(Peters 1998)。

尽管官僚政治一直是许多理论化工作的焦点，但大多数模型表述本身并不是理论，而是决策过程的描述性模型(Bendor and Hammond 1992:317—318；Caldwell 1977:95；Jones 2008)。因此，我们的第一步是将官僚政治模型重新表述为因果理论。自变项是官僚行动者自利的强度，干预变项是决策规则和行动者的权力资源，而结果应该是由用以作出决策的行动渠道调节的官僚自利的影响。如图 6.2 所示。

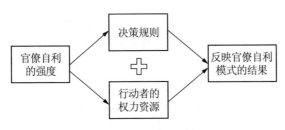

图6.2 官僚政治因果理论

该因果理论使我们得出以下预测,可以在个案研究中用一致性方法进行检验(Blatter and Blume 2008；George and Bennett 2005：Chapter 9)。首先,我们应期望官僚政治动力的强度是官僚行动者对某个议题感兴趣程度的函数。当官僚行动者在一个议题上几乎无自利时(议题对其部委的制度性权力/声望没有实际影响),结果应该反映国家利益,反之亦然。其次,决策规则很重要,因为它们决定游戏是由多数席位建立联盟来主导,还是决策以全体一致作出时,确保由最不感兴趣的行动者参与来主导(Hermann et al. 2001)。最后,具有程序或层级权力的官僚行动者将能够使结果偏向他们自己偏好的结果。因此,我们应该期望结果反映出行动者的官僚自利,而这又是由决策规则和参与的行动者的权力资源所调节的。

为了进行过程追踪,需要将这种因果理论重新概念化为一种因果机制。但是,在我们这样做之前,我们先简要讨论理论先验,它将为具体个案中经验指标的检验提供依据。

6.4.2 理论先验

鉴于在欧盟宪法谈判中,国家偏好形成的过程中官僚政治的重要性问题尚未被其他学者进行经验性调查,我们可以利用莫拉夫茨科完善确立起来的发现作为整个机制的先验。莫拉夫茨科的自由政府间主义理论认为,国家是国内经济集团的偏好与国家立场之间相对中立的传递带:"集团表达了偏好,政府将它们汇聚在一起。"(Moravcsik 1993：483)在他对欧盟宪法议价的重要研究中,莫拉夫茨科发现一些证据表明,在"生产者集团被强大的国家宏观经济理念和制度所平衡"的情形下,政府和中央银行的看法确实很重要(Moravcsik 1998:477)。不过,总的结论是国家组织的形式并不重要,因此我们可以将国家或多或少地视为黑匣子。

因此,以贝叶斯术语来说,根据我们的先验知识,我们对于在这一个案中不存在官僚政治机制(及其部件)相对有信心。要更新我们对官僚政治存在的信心,就需要找到强有力的证据,即除非官僚政治出现,否则很大程度上不可能找到的证据。

6.4.3 官僚政治因果机制的概念化和操作化

要开发因果机制,我们需要将因果理论重新概念化为一个由一组部件(参与活动的实体)构成的机制,以研究因果力量通过该机制动态传递以产生结果(比否则我们不会预期到的、更切近地反映官僚自利的政策)。在此,我们将理论重新概念化为具有五个不同部件的机制:(1)偏好(官僚自利);(2)行动渠道选择上的争夺;(3)决策规则决定的集团内争论;(4)行动者发挥其权力(程序性的或层级性的);以及(5)反映官僚自利模式的结果。完整的机制如图6.3和表6.1所示。

以下讨论还说明了如何将这种机制操作化为关于若 h 有效,则我们应期待发现的证据的就事论事的一组预测。在此,我们需要确保对机制每个部件的检验都以预测可观察到的意涵的确定性和独特性最大化的方式来制定,同时确保检验切实可行(即数据可以收集到,用以实际测量我们打算测量的东西,如此等等)。

6.4.4 部件1:行动者偏好

任何官僚政治理论的关键在于假定驱动公务员的行为预设。学者普遍认为,官僚屁股坐在哪儿就相应地具有制度上的利益。一种被广泛应用的行为预设是,官僚行动者会试图,例如通过保护他们现有的地盘,将自己的权限最大化(Dunleavy 1991; Peters 1998; Pollack 2003:

35—36）。就在欧盟宪法政治内让渡国家主权的问题而言，可以预期权限最大化的国家部委具有某些特定利益。首先，我们可以预期，各部委将通过最小化甚至反对其职权范围内的一体化来试图将"欧洲"对这些部委管理的国内议题事项的破坏程度降至最低，这实际上是在保护他们的地盘。但是，在某些情况下，业务执行部委将支持更多的一体

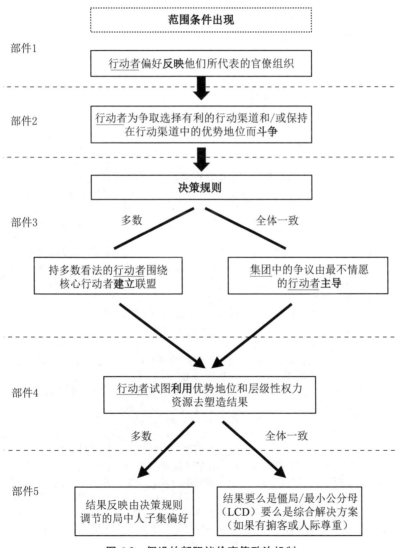

图6.3 假设的部际议价官僚政治机制

表 6.1　官僚政治因果机制的概念化和操作化

每个部件的概念化	预测证据	测量预测的证据类型
1. 行动者偏好**反映**他们所代表的部委官僚自身利益（权限最大化以及使预期的欧盟各种政策流的破坏性影响最小化） （a）业务执行部委会通过**最小化**甚至反对其职权范围内的一体化，试图将欧盟规则对由他们管理的国内议题事项的破坏程度降到最低 （b）外交部与维持其在欧盟事务中的协调员地位有利益关联，因此推销反映政府偏好的立场	期望在官僚行动者的偏好中看到"官僚政治言辞"的证据	使用来自与行动者访谈和/或各部委提供的内部文件中的记述证据进行测量
2. 行动者**争相**选择有利的行动渠道和/或在给定行动渠道中以强大的程序性权力确保地位	期望在行动者中看到明显为担任部际委员会等机构的主席职务争权夺利	使用次序证据（事件的时间安排）和记述证据（从访谈得知的参与者记述）来测量
3. 集团内争论由任一方**主导** （a）（多数）：具有多数派意见的行动者围绕核心行动者的位置建立联盟 （b）（全体一致）：最不情愿的行动者	期望看到 （a）少数派观点被边缘化；围绕多数派意见建立联盟 或（b）多数试图影响最不情愿的行动者离开 SQ	使用对参与者访谈和/或会议纪要中的记述证据进行测量
4. 参与者试图**利用**权力资源（层级位置或程序性权力）去塑造结果	期望看到在谈判中具有强势层级位置和/或特权地位的行动者在辩论中更占主导，并且更成功地影响结果	使用对参与者访谈和/或会议纪要中的记述证据进行测量
5. 结果反映了下列之一 （a）由 DM 规则确定的行动者的子集以及特权地位 （b）僵局/LCD （c）综合解决方案，如果集团中存在掮客和/或人际信任	期望看到结果反映出 （a）由 DM 规则和特权地位决定的行动者子集 （b）僵局/LCD 或（c）综合解决方案，如果集团中存在掮客和/或人际信任	使用模式证据（结果和各部委职位之间的一致性水平），对参与者访谈中的记述证据以及最终职位的产生来测量

化——主要是在其进一步发展预计会使该部委的权限显著扩大的政策领域(例如竞争政策),或者在预期会使该部委在国内体系内的自主性显著提高的领域(Dunleavy 1991;Peters 1995)。其次,我们应期待各国外交部与维持其在欧盟事务中的协调员地位有利益关联,因而将推销切近反映政府偏好的立场以维护政府信任。

那么,当我们在具体个案研究中看到官僚政治言辞时,又如何知道它呢?换句话说,我们如何确定各业务执行部委的声明是否表达了狭隘的制度性利益,而非如实地将政府偏好转化为具体议题事项上的立场呢?可以应用的基准是,忠实地将政府偏好转换为立场,应该遵循政府先前所声明的总体方向,比如,在开始一组既定宪法谈判之前发给议会的文件中。尽管文件的大部分内容是由外交部的公务员起草的,但关键点是它是在部际协调过程之前,即在官僚政治可能起作用之前写成的。例如,如果政府表示有兴趣将其在某个具体议题事项上的权限让渡给欧盟,但是负责该议题领域的业务执行部委在谈判之前写就的研究文件中反对这种让渡,这一证据将是官僚政治言辞的一项经验指标。可以使用对来自既定部委和其他部委参与者的访谈中的记述证据和/或各部委产生的内部文件来测量。

这种证据相对容易收集,并且可以提供有力的证据表明该部件出现/缺失。这种检验是相对确定的,因为有必要观察到行动者秉持了反映官僚自身利益的立场,这样我们就可以确信官僚政治机制的这一部件存在。它也是相对独特的,因为很难以其他方式解释为什么在给定议题领域受欧盟规制影响最大的业务执行部委也是在该议题上最反对主权让渡的部委。

6.4.5　部件 2:行动渠道的选择

艾利森和泽利科引入了一个有用的术语"行动渠道",将其定义为"针对特定种类议题事项采取政府行动的常规化手段……行动渠道通过预先选择主要的局中人,确定他们通常的博弈进入点并为每次博弈分配特定的优缺点来构造博弈"(Allison and Zelikow 1999:300—

301）。在该机制的这一部件中，我们认为，自利的官僚将为选择一个最大化其相对权力的行动渠道而战，和/或他们将尝试在给定的行动渠道中确保特权地位。

对于部件 2 的出现/缺失进行的检验更难以用允许贴近观察因果力量的方式进行操作化。我们首先应该期望看到，在其他条件相等的情况下，行动者会在部际协调委员会中争夺职位，并且他们会为选择对他们有利的行动渠道进行游说。这种争权夺利的预测证据虽然难以收集，但一旦发现，将更新我们对该机制部件出现的信心。可以使用次序证据（事件的时间安排）和记述证据（访谈中参与者的记述）测量该假设部件。

但是，该检验不是特别确定，因为可能有许多原因导致这种争权夺利的证据没出现。例如，可能有由哪个部担任一个具体的部际小组的长期先例，强到足以压倒任何官僚争权夺利。这表明该机制的这一机制部件对于该机制的运作可能不是百分百必要的，并且意味着可以考虑重新概念化，以将具体协调程序选择的新颖性或优先级纳入考量。此外，观察到争权夺利不一定意味着官僚政治正在发生（低独特性）；相反，这可能反映出某个部委简单地认定自己最胜任主持一个术业有专攻的委员会，这种现象并非官僚政治的证据。因此，这种检验是枪口冒青烟检验，在其中找到 e 会显著地更新我们对 h 有效的信心（如果我们可以确定争权夺利是基于自利），但是找到～e 并不能往任何一个方向更新我们的信心。

6.4.6　部件 3：行动渠道内的争论

为了确定哪个官僚行动者赢得了内部权力斗争，艾利森和泽利科建议我们聚焦于游戏规则如何构造官僚组织行动的行动渠道（Allison and Zelikow 1999：300—302）。遗憾的是，他们没有开发出关于游戏规则如何决定谁输谁赢的理论。因此，我们用赫尔曼等人关于决策规则对集团内部外交决策的影响的理论化工作来补充他们的思想，尤其是多数规则与全体一致规则如何影响谁赢谁输（Hermann et al. 2001：

143—145）。

　　我们应期望当用多数决时，除非多数人尊重具有强烈看法的少数人，否则少数派的观点将被边缘化，而争论集中在反映多数派选项的子集上（Hermann et al. 2001）。如果群体成员之间具有高度人际信任和尊重，他们将尝试通过诸如使用折中方案、权衡取舍和创新解决方案之类的整合措施（integrative measure）来争取少数派。相反，如果要求全体一致，我们就得预期僵局/最小公分母（LCD）解决方案，因为争论翻来覆去围绕着让最不情愿的参与者加入的问题，或者在存在捐客和/或人际信任的情况下采用更为整合的解决方案。

　　将假设机制的这一部件和下一部件进行操作化很麻烦。基本问题是，准入问题意味着通常很难观察内部谈判动态，很难就如果该机制各个部件出现应存在的证据提出强有力的预测。相反，我们被迫依赖间接的和/或不完整的测量。例如，虽然我们可能拿到部际会议的会议纪要（在最佳情况下），但也可能正式制度结构没有反映出谈判的实际运作。例如，有可能有一个较小的有影响力的行动者组成的特设小组在幕后会面，以不反映到委员会中进行正式审议〔我们可以通过我们的数据（会议纪要）进行观察〕的方式改善交易。此外，我们要冒将有影响力的行动者采取的行动混在一起的风险，并冒把高谈阔论的行动者错当作有影响力的行动者的风险。

　　尽管如此，我们可以通过以下方法将部件3操作化，即声明我们应期望在采用多数决策的情况下，少数派的看法将被边缘化（除非少数派的强烈看法被尊重时），并且我们将会看到联盟建构的动力围绕着多数人的立场。或者，当采用全体一致时，我们应期望看到以确保最不情愿的行动者加入为目标的努力为主导的讨论。以这种方式提出的检验将是相对独特的，因为比方说，如果我们理论上认为外交决策是确定给定问题最佳解决方案的理性且中立的过程，那么这些类型的动力将难以解释。不过，由于研究部际决策过程中存在一些实质性的经验挑战，因此这种检验非常不确定；故而，这些检验接近于枪口冒青烟检验。

　　可以预期，在官方会议纪要所描绘的会议（可能不会展现预期的动力）与关键行动者之间走廊上的协商（可能会展现预期的动力）之间会有分歧。由于收集官方会议上发生的事情的信息，比收集非正式会议上发生的事情的信息要容易得多，因此很难以任何程度的确定方式提出这个检验，除非有充分质量的证据可以让我们测量以下预测："（无论是官方会议还是非正式的走廊协商，）我们预期在关键决策论坛上将看到多数派的动力。"在这里，我们需要内部会议纪要和对参与者所做的深入访谈之中的广泛记述证据。可以用来自对参与者访谈和/或会议纪要中的记述证据来测量此部件。

6.4.7　部件4：行动者试图利用自己的地位（程序上的或层级上的）

官僚政治文献中对层级上的和程序上的地位的影响理论化不足（Jones 2008）。在此，我们尝试性地进行理论化，即政府层级也决定谁赢谁输，例如，在其他条件相同的情况下，一个部长应该能够让自己的意见胜过另一个部的副部长的看法。此外，借重理性制度主义理论，我们应预期如主持部际委员会之类的程序性权力将赋予其持有者某些可资利用的权力资源（Peters 1995；Tallberg 2006）。例如，一个作协调的部负责为某项立场撰写最终建议，这个角色可以被巧妙地（或不太巧妙地）利用，以推进该部自身的利益。

关于部件4，我们应该期望看到，在谈判中具有强势层级地位和/或特权地位的行动者在争论中更占主导地位，并且更成功地影响结果。可以用来自对参与者的访谈和/或会议纪要中的记述证据来测量此部件。

但是，我们不能自动得出这样的结论：如果我们找不到行动者试图利用其力量资源的证据，那么他们就不会关上门暗中进行。换句话说，部件4的任何现实的操作化都具有相对较低的确定性，因为很难观察这种非正式的、幕后运用权力资源的情况。我们经常必须从结果中推断出过程，例如，争论说由于行动者 X 有不成比例的影响，他/她必定成功地利用了主席职位。在此，错误否定（未观察到的行动被误认为是未出现的行动）和错误肯定（将行动与影响混在一起）的显著风险皆有。

6.4.8　部件 5：结果反映出行动者的官僚自利

最后，我们应期望结果反映下述偏好：(1)行动者相对程序上的和层级上的权力资源调节官僚行动者的一个子集；(2)全体一致下的僵局/LCD；或(3)整合解决方案，如果部际小组中存在掮客和/或人际信任与尊重的话。

将结果与我们基于官僚行动者的制度性自利(由决策规则和行动者权力以及最初的政府立场调节)所期望的结果进行比较，应该可以最终表明官僚政治是否真正发生作用。这种检验既具有高度的确定性(因为对于我们而言，它必须出现，才能得出官僚政治在给定个案中发生的结论)，并且具有高度的独特性(因为很难找到任何其他解释来说明结果，而结果反映了通过行动渠道调节的各个部委官僚的自利)。预测的证据可以是模式证据，例如结果与各部地位之间的一致性水平，以及从对参与者的访谈和最终立场得出的记述证据。

6.4.9　将因果机制概念化和操作化的挑战

这里探讨的基本问题是，我们是否可以将官僚政治机制概念化和操作化，从而使我们能够在欧盟宪法谈判中国家立场发展的个案中进行强有力的理论检验。尝试性的答案是，尽管我们可以为部件 1 和部件 5 提出相对强有力的(接近于双重决定性的)检验，但不能为居于两者之间的部件提出非常强劲的检验。相反，这些主要是枪口冒青烟检验，试图评估在实践中很难测量的预测。

我们得出的结论是，除非能够取得广泛的原始档案以及在谈判期间或谈判之后立即收集的一系列参与者访谈，否则我们将很难检验该机制(Caldwell 1977；Clifford 1990)。因此，我们被迫从部件 1 和部件 5 的证据以及部件 2、部件 3、部件 4 的旁证中推断官僚政治发生了作用。

相反，当一个议题非常突出时(尤其是如古巴导弹危机之类的危机)，通常可获得大量的次生和原初档案，且参与者甚至可以在事发多年后回想起事件，从而让我们能够获取证据，让分析者可以更直接地观察因果机制。但这不是官僚政治的案例，而是政府政治的，其中的斗争涉及高级官员（总统和部长）。在此，偏好并不是基于"你站哪儿你就坐哪儿"这样的理念，且谈判具有不同的动力。

这个例子的更宽泛教训是，在许多实际研究情形下，很难兑现本书关于因果机制概念化和操作化的理想型处方。大多数研究情况与欧文研究民主和平论时所面临的情况不同，在欧文那儿，大量的理论工作是现成的，他能以此为基础进行概念化，并且可以拿到详尽的经验记录。如本章中的例子所示，当理论发展欠佳时，概念化很有挑战性；而当我们无法完全接触经验记录时，经验检验（操作化）几乎是不可能的。我们对机制的推断仅与对机制部件最弱的检验一样强。

这并不意味着我们在遇到困难时就应该放弃努力，而仅仅是说我们应该现实一点，并接受当我们使用过程追踪法时，我们的概念化工作和操作化的经验检验将不够完美。但是我们应该继续努力，将检验工作朝着理想的方向推进。

7

化观察为证据

没什么比一个显而易见的事实更具欺骗性了。

——柯南·道尔（A.C.Doyle 1892:101）

　　经验材料需要先经过评价，才能作为因果推断的证据。但是，我们怎么知道我们观察到的就是我们的理论检验所预测的证据呢？我们如何评估单件证据的推断价值？本章处理评价过程，通过评估原始经验观察结果的内容、准确性和可能性，使我们能够将其用作证据，以在假设的因果机制出现的情况下更新我们的置信度。这个过程既要透明又要公开接受审查，以确保它尽可能客观。

　　我们在本书中使用"观察结果"（observation）一词来指代评估其内容和准确性（即测量误差的程度）之前的原始数据。在评估了其内容和潜在的测量误差之后，我们用"证据"这个说法，表明它包含一定水平的推断价值。[①]

　　尽管大量方法论文本讨论了与收集和分析数据有关的挑战，但本章通过使这些处方与过程追踪中运用的贝叶斯推断逻辑兼容来更进一步，为我们提供一套评价工具以评估我们对过程追踪研究中收集的证据的准确性和内容的置信度。这些处方最适合用于过程追踪的理论检验型和解释结果型变体，作为对在个案中会找到哪些证据的预测的发展而产生的后果，抓住了将预测证据与找到的证据进行匹配的需要。

---

　　① 我们以与许多定性学者使用"因果过程观察"（Brady, Collier, and Seawright 2006）或"过程追踪观察"（Bennett 2006）相同的方式使用"证据"一词。

在许多方面,评价证据的总过程类似于在美国法律体系内如何接纳和评价证据。[1]在法庭上,检察官和辩护人提出可用于对所发生的事情进行推断的不同观察结果。这些观察结果包括证人陈述、技术检测、DNA检验等。在给定的法庭案件中,并非所有收集到的观察结果都被接受为证据,因为它们可能不准确和/或证据很可能在使论证合理方面几乎没有推断杠杆作用(V. Walker 2007)。

在将观察结果用于法庭案件之前,其准确性和证据的可能性必须被加以评估。若我们做指纹匹配,我们认为遗留在犯罪现场(例如火车站)表面上的指纹的准确性远远低于可以检测到清晰脊纹的指纹,因为后者能更好地与从嫌疑人那里取样的"平展"指纹作比对。至于证据的可能性,除非两个样本都是同一名嫌疑人的DNA,否则在受害者身上发现的DNA样本与嫌疑人的DNA之间很难实现强匹配。结合起来,极不可能做到的准确测量[$p(e)$低]在法庭案件中将具有很强的推断权重,使法官能够以合理的置信度推断出嫌疑人最有可能是罪魁祸首。

总体而言,法官的作用是评估证据——决定哪些证据是相干的,并评估证据的准确性和可能性(V. Walker 2007:1696)。这意味着检察官不能只是拿着枪呈堂,并假定嫌疑人用它来实施了谋杀。为了被法官接受为特定嫌疑人确实犯下了那个罪行的理论的证据,法医材料和/或证词必须确立在合理的怀疑范围之外,或者使其高度可信,即(1)受害人被枪杀,(2)犯罪发生时嫌疑人实际上掌握那把枪,以及(3)那把枪是谋杀中使用的武器。在此评估过程中,辩方质疑测量误差的来源是否提升了对证据准确性的怀疑。例如,如果将武器与嫌疑人联系在一起的证词来自嫌疑人疏远的妻子,当她的复仇动机让人对其证词的真实性产生严重怀疑时,我们是否还应把观察结果接受为证据呢?此外,找到证据的可能性有多大?例如,把武器与犯罪联系起来的弹道测试的误差范围是多少?弹道测试的匹配结果可能是随机机会的产物吗?

---

[1] 当然,这种类比不应太过分,因为在法律推理中可能存在与社会科学不同的证据标准(超出合理怀疑与证据优势),也因为用法律推理检验的"理论"的性质(不同)。

同样,在过程追踪个案研究中,我们需要先评估经验观察的内容和准确性,然后才能将其接受为证据,以更新我们对因果机制出现或缺失的信心;然后,我们需要评估证据的概率(可能性)。分析者需要充当法官、检察官和辩护人,为我们为什么可以对观察结果的内容和准确性充满信心提供论据,同时严格评估我们的信心水平。

评估证据涉及四个不同的步骤,应在研究中对其进行透彻描述。如果假设的因果机制出现,则我们应该期望看到哪种类型的证据,基于对此的预测,我们收集经验数据。在这里,我们需要评估我们是否有足够的数据。更多不一定更好。进而,我们需要策略性地收集观察数据,以评估我们的经验检验。此外,我们需要切合实际并意识到资源的限制。

其次,我们运用处境知识来评估我们收集到的观察结果的内容,以确定预期将产生何种证据,而我们的观察结果又告诉了我们些什么。

再次,我们是否可以相信我们收集到的观察结果实际上就是我们打算测量的证据?也就是说,它们准确吗?观察结果是它声称的那样吗?潜在的误差源是什么?我们能对其进行纠正,以便我们可以将观察结果用作理论检验的证据,进而更新假设的因果机制的后验概率吗?这就涉及评估我们对测量准确性的信心,即就估计概率而言测量是准确的,在贝叶斯逻辑中写作 $p(a)$。我们要讨论在我们收集的证据中,非系统性和系统性测量误差对我们更新假设因果机制的后验概率的能力构成的风险。

最后,使用贝叶斯推断逻辑,当证据极不可能出现时,那么我们能作更强的推断。因此,我们必须自己评估证据的概率(可能性)。第 6 章中展现了这一过程,我们看到证据越不可能[$p(e)$低],则一旦找到 e,我们更新对理论机制有效性后验概率的置信度的能力越强。因此,需要用我们对特定个案处境的知识来评估某件具体证据的概率[$p(e)$]。

本章按如下次序展开。第 7.1 节讨论经验材料的所有来源都面临的一些共同挑战,焦点是评价的四个阶段(收集、内容评价、准确性评估以及证据概率)。我们尤其关注准确性评估和证据概率。接下来是对过程追踪个案研究中使用的最常见的经验信息源形式的介绍,涉及从参与者访谈和档案到报纸记述。对每种类型的信息源,我们都会提出最常见的测量误差形式,并提供可以减少这些风险的实践建议,从而也就增强了我们对观察结果所测量的证据的信心,这些证据使我们能够在一个方向或另一个方向上更新后验概率。不同类型的证据(模式、次序、痕迹、记述)可以来自不同类型的信息源。例如,既可以从次生来源(报纸)中也可以从原初来源(参与者访谈)中收集记述证据。

7.1　如何将观察结果转化为证据

> 事实……就像鱼在广阔的、时而无法进入的大洋中四处游动……历史学家抓住什么,将部分取决于机会运气,但主要还是取决于他选择在大洋的哪一部分钓鱼以及他选择使用的钓具。
>
> ——卡尔(Carr 1961:26)

7.1.1　收集观察结果

收集经验观察结果并非一个随机的、临时的过程,而应由理论指导,聚焦点是检验经验记录中是否出现了有关假设机制部件的预测证据。在过程追踪中,我们刻意搜索观察结果,以便让我们得以推断假设的因果机制部件是否出现。

例如,如果我们检验一项处理欧盟委员会超国家创业的假设机制,则对该机制部件进行的经验检验可能是:我们期望找到痕迹证据表明欧盟委员会在给定谈判中相对于政府提出了许多建议。相干的观察结果将是谈判期间欧盟委员会和政府的所有建议。

重要的是要理解,在进行研究时,我们不仅仅是挑选最佳的符合特定假说的观察结果。我们是在尝试检验预测的证据是否出现,这意味着我们不只是出去寻找支持的证据;相反,我们策略性地寻求收集经验材料,使我们能够确定预测的 e 或～e 是否出现。因此,我们收集的观察结果使我们能将假设的因果机制用于作关键的检验（通常是环箍检验的形式，但在某些情况下是双重决定性检验）。研究者必须在过程的每个阶段评估收集到的数据是否足够，剩余的不确定性是否可以接受，以及是否应该追加收集其他数据以找到存在 e 或～e 的充足证据。

由于采用非随机选择策略，收集观察结果（无论原初的还是次生的）始终会产生潜在的偏差风险。这可能会导致基于潜在证据总体无代表性的样本得出偏倚推断（Collier 1995：462）。根据科利尔和马奥尼的说法，当"在研究设计或调研的现实现象中的某种选择过程导致推断受系统性错误困扰"时，就会发生选择偏差（Collier and Mahoney 1996：58—59）。

在过程追踪研究中，这种危险尤其严重。信息源通常会选择研究者，例如，可获得性的考量决定了我们使用哪些信息源（Thies 2002：356）。某些特定记录会随着时间的流逝保留下来，而其他记录则可能被故意消灭掉，可能都是有理由的。此外，我们接触相关信息源的途径可能会受到制约，从而限制了我们获得无偏地检验假说所需材料的能力。

即使使用次生而非原初信息源，选择偏差也可能发生。拉斯提克（Lustick 1996）提出，研究者选择特定历史专著，可以被视为具有选择偏差的潜在可能。历史学家或许会误解证据，对过去的事件作出不正确的推断，或者可能忽略有关事件的重要事实，从而使记述不公或不平衡。另一个要考虑的问题是社会科学家在选择聚焦于特定历史学家的工作时，有意识地（或无意识地）排除了他人工作的选择效应（Larson 2001；Lebow 2001）。在最坏的情况下，这两个问题结合在一起，具有特定理论和概念倾向的社会科学家有目的地选择某些同样具有这种偏见且其工作已经受到污染的历史学家，从而对社会科学家的理论产生了错误的确证（Lustick 1996：606）。在大多数情况下，我们不应仅依靠单一的历史著作，而应尝试将属于不同史学流派的不同历史学家纳入我们的分析之中（Lustick 1996）。

检验因果机制是否出现，涉及评估我们在经验记录中应看到哪些以理论为基础的证据预测与现实相符。预测证据可以采用模式、次序、痕迹或记述证据的形式。相干证据依赖于检验所预测的经验表现形式。收集不同类型的证据会带来不同类型的挑战。以谈判中大量提案的形式呈现的模式证据搜集起来可能很费时，并且由于这个或那个原因而无法使用文件时，可能会留下严重的漏洞。相反，收集准确的精英访谈以提供有关给定谈判中发生了什么的记述证据，带来了如何接触高层决策者以及他们说法的独立性等方面的诸多挑战。在收集用于过程追踪的数据时，最合适的类比是当侦探，收集相干证据得磨破鞋跑断腿(Freedman 1991)。

最后，收集经验材料应被视为一个累积过程。即使经过最艰苦的努力，我们收集的证据也总是可以在后续的研究中再加以改善。用天文学做个类比，直到最近，其他类日星系具有类地行星的理论只是一个假设性猜想。望远镜技术的最新进展使得收集证据证明存在类地外星球成为可能。未来的技术发展将允许做更准确的测量，这将增加我们对理论的信心。类似地，在过程追踪研究中，收集到的证据将始终只是初步形式，而我们的研究成果(后验概率)始终可以通过新证据进行更新。重要的档案证据会被解密，回忆录会被发表，对现有证据进行批判性分析的学者可以对 e 作出更准确的解读，从而增加或减少我们对假设因果机制出现的信心。因此，使用过程追踪法的学者需要像历史学家一样意识到，只要发现新的方法可以更好地测量 e，任何成果都可以被更新。用埃尔曼伉俪的话来说："历史学家知道可能还会有其他文献，实际上是他们从未见过的全部文件汇集。因此，他们倾向于将其成果视为证据记录不完整的不确定产物。"(Elman and Elman 2001:29)

7.1.2　评估观察内容

收集到观察结果之后，我们需要根据我们有关处境的背景知识，对这些观察结果告诉了我们什么进行严格评估。这是评估我们的观察结果是否为证据(o+k→e)的第一阶段。下一阶段涉及评估准确性。

观察结果告诉我们什么？观察的信息源是什么？其产生的处境是什么？回答这些问题需要大量的背景知识。例如，给定政治体系如何运作？事件中发现了什么不正常的东西吗？通常哪些东西包括在信息源的类型之中(例如内阁会议纪要)? 在历史、情境和沟通处境中解读文件非常重要。我们需要理解文档的目的以及产生该文档的事件,以正确地解读其含义(Larson 2001:343)。根据乔治和班尼特的观点,分析者应始终考虑谁在与谁讲话、出于什么目的、在什么情况下(George and Bennett 2005:99—100)。如果不解决这些问题,通常无法可靠地确定文件中包含的内容的推断权重。同样,在进行精英访谈时,至关重要的是要考虑接受采访的人是谁及其这么做的动机。

这意味着应该相对于有关行动者、他们的意图、他们的互动以及他们所处情境的已知信息来评估每个观察结果(Thies 2002:357)。在分析文件时,必须询问文件旨在服务于什么目的,以及作者可能有什么议程。该文件如何适应政治体系? 在决策过程中与其他沟通和活动流有什么关系? 同样重要的是要注意文件周遭的环境——为什么要解密或发布文件,以及出于什么目的? 尚未发布的是什么?

证据也可能是文本或档案中未提及的东西。这种类型的证据可以被称为"沉默证据"(e silentio evidence)——基于文本或档案中的沉默或缺少预期的陈述或消息。如果我们预期作者对以某种角度呈现事件有浓厚的兴趣,或者我们预期作者因给定的决定受到好评,而事实又并非如此,那么这种遗漏在我们的分析中或许具有推断分量。当文本中未提及某个事件时,一种可能的解释或许是该事件未发生。相反,如果我们根据其他消息来源非常有信心某事件发生了,则该事件在消息来源中的遗漏可能是一件推断分量很强却极不可能的证据。正如"没有叫的狗"的例子向我们展示的那样,在某些情况下保持沉默或缺少某些东西可能是最有力的证据。

7.1.3 评估观察结果的准确性

评估过程的下一个阶段是评估其准确性。测量社会现象时,我们永远无法实现百分百的准确测量,但是通过对测量误差大小的严格评估,我们可以增进我们对所收集的观察结果是否如我们所想的信心。

观察结果是其标榜的那样吗? 我们正在测量我们打算测量的东西

吗？不准确的测量可能是我们用来收集观察结果的测量工具之中非系统性的或系统性的误差的产物。非系统性（或随机性）误差通常被称为"可靠性"（reliability），而系统性误差在此定义为我们测量工具的偏差（bias）。例如，镜片有随机缺陷的望远镜会产生模糊的图像。后果将是混乱的图片，使我们无法对星体的确切位置进行准确观察。但是，误差是随机的。相反，偏差是会产生系统性误差的测量工具的产物。如果镜片中的误差导致图像系统地向左偏斜两毫米，则这是一种更为严重的误差形式，因为它会以系统性的方式让图片失真，从而导致无效推断。

可以用贝叶斯术语来表示这两种形式的测量误差及其给因果推断带来的风险。不可靠的测量会降低我们对实际测量 e 的信心，进而会降低我们的经验检验更新我们对某机制部件出现/缺失的信心（后验概率）的能力。准确性可以用概率[p(a)]来表示，其中不可靠的测量具有较低的准确率，反之亦然。带入贝叶斯定理，一种不可靠的测量降低了证据更新我们对假说是否成立的信心的能力。

豪森和乌尔巴赫为这一说法提供了贝叶斯推理（Howson and Urbach 2006：111）。准确性概率[p(a)]通过似然函数带入对假说后验概率的计算。似然比的分子是 $p(e|{\sim}h)$，在逻辑上等于 $p(e|{\sim}h\&a)p(a)+p(e|{\sim}h\&{\sim}a)p({\sim}a)$。后者意味着，如果测量准确时假说不成立则发现 e 的概率乘以工具准确的概率，然后加上若 h 不成立且工具不准确时 e 被发现的概率乘以工具不准确的概率的积之和。在分母中，$p(e|h)=p(e|h\&{\sim}a)\times p({\sim}a)$ 表示假说成立时发现 e 的概率等于测量不准确时若 h 成立则发现 e 的概率乘以测量不准确的概率。总之，这些计算表明，非常不可靠的测量会增加分母的大小，且会降低似然比中的分子。如果我们找到 e 但 p(a) 很低，则发现 e 几乎不会更新我们对假说真实性的信心，这意味着后验概率不会得到实质性更新。

不可靠测量问题的最佳解决方法是收集多重独立的观察结果。这种方法通常被称为"三角剖分"（triangulation），可以指从相同类型的不同信息源（例如，采访不同的参与者）收集观察结果，或者跨不同类型的信息源（例如，档案和访谈）或不同类型的证据（如果适用的话，即模式、次序、记述、痕迹）收集观察结果。不过，除非我们能够证实信息源彼此独立,否则三角剖分也无济于事。进行三次访谈并假设已对信息源作了三角剖析是不够的——研究者需要证实访谈是彼此独立的。

用贝叶斯逻辑可以理解信息源独立的重要性。如果各件证据确实是独立的,那么除非 e 确实是一个真实的测量,否则这些测量极不可能产生相同的证据(e)(Howson and Urbach 2006:125)。如果我们要进行访谈以测量政治谈判中发生的情况,且谈判中的三名参与者提供了相似的说法(记述),并且如果我们可以验证各说法之间是否相互独立,我们将增加对这些谈判的说法(记述)证据准确性的信心。除非观察到的 e 是真实的测量,否则很难找到类似的说法(记述)。但是,找到类似的说法也可能意味着参与者随后开会就事件统一了口径。如果他们碰过面了,发现说法(记述)相似就将无助于更新我们对证据准确性的信心。而且,发现说法(记述)过于相似实际上会大大降低我们对测量准确性的评估,因为除非测量不准确,否则我们很难找到百分百的一致。

有偏差的观察结果意味着该误差具有系统性模式。在过程追踪研究中,此问题的风险尤其严重,因为我们收集的观察结果并非随机样本。当偏差系统性地与(e|h)或(e|~h)预测的模式有关联时,我们需要特别关注系统性误差。这种最坏的情况可能是由于疏忽大意(当测量工具产生了系统地确证或否定 h 的证据时),或者是当研究者故意选择观察结果来确证或否定(e|h)或(e|~h)预测的模式。在这种情况下,所收集的证据要么太好了不成立,要么太差了不成立(Howson and Urbach 2006:116—118)。如果找到的 e 完全符合假说,则我们应感到非常可疑,因为在现实世界中这种结果是不可能的。豪森和乌尔巴赫用贝叶斯定理说明了为什么收集的证据完全符合(e|h)或(e|~h)都不会使后验概率更新。操纵结果将意味着无论 h 是否成立,我们都将期望找到 e,这意味着不论假说正确与否,使用高度不准确的测量($\sim a$)时找到证据的概率都将很高[$p(e|h \& \sim a) = p(e|\sim h \& \sim a)$]。在这种情况下,可以证明后验概率[$p(h|e)$]等于先验概率[$p(h)$],这意味着当 e 被操纵时,后验概率不会发生更新。①

———————————

① 证明:$p(h|e)p(h)/p(e) \approx p(e|h \& \sim a)p(\sim a)p(h)/p(e|h \& \sim a)p(\sim a) = p(h)$。

与可靠性问题相反，没有捷径可以纠正我们测量中的系统性偏差。因此，感到可疑是评估观察结果的经验之谈。看起来太好以至于不能成立的观察结果可能是错的。其次，可以通过严格评估偏差的大小和方向来进行纠正。这可以通过对每个观察结果的信息源进行严格评估，以及在三角剖分过程中把观察结果与别的独立观察结果进行比较以评估偏差的大小和方向来实现。我们应该特别关注对有利于或不利于假说的系统性误差程度进行评估。

7.1.4　评估证据的推断权重：证据有多大可能存在？

最后，一旦我们有理由相信我们收集的证据是准确的，就需要评估特定证据存在的可能性，将我们的评估与第 5 章和第 6 章中出现的贝叶斯定理联系起来。贝叶斯定理第一式指出，证据的推断权重取决于具体个案处境中的概率。这是指相对于假说独立的证据，而以似然比来考虑理论与证据之间的关系时，则涉及第 6 章中讨论的对检验力度的考量。

我们根据具体个案处境知识评估 $p(e)$。证据的处境敏感性是深入的、定性的个案研究方法最强有力的比较优势之一，在该方法中，运用专家对单独个案的实质知识来评估什么构成了证据，以及在特定个案中找到具体证据片段是否极不可能抑或有可能。

证据的概率直接关系到需要多少证据来更新我们对假说有效性信心的问题。如果 $p(e)$ 非常低，那么即便只有一件证据也足以显著更新我们对假说有效性的信心。比如用《银色烈火》故事中的一个例子来讲，解释犯罪的假设机制另一部件是斯特雷克（Straker）计划通过切断其肌腱来伤害赛马，使它无法在比赛中奔跑。该机制的这一部件与犯罪是如何计划的有关。

通过预测斯特雷克在赛马上尝试之前必须先实践精细的肌腱切开技术，福尔摩斯检验了这一部件。福尔摩斯为检验这一预测而收集的证据是，"围场中的几只绵羊"中有三只最近跛足了。为了评估该证据在更新其对该机制部件的信心方面的推断权重，福尔摩斯评估了零星几只健康绵羊中有三只在短时期内跛足的可能性。他得出结论,发现这一证据的概率极小,从而使他能够利用所发现的证据对这个机制部件作出有力的推断。相反,如果已知绵羊通常会遇到像困扰某些大型犬的髋关节问题,那么找到证据(跛足羊)的概率将会很高,这意味着根据所发现的证据几乎不可能进行任何更新。

这里的关键点是,如果足够不可能,那么单单一件证据就可以显著增加我们对假说有效性的信心。舒尔茨在其关于1898年法国和英国之间的法绍达危机的个案研究中提供证据时,明确运用了这类推理。

> 如预测的那样……政府信号以一种会产生高昂的、可见的观众成本的方式发出。它们是在英国选民环顾下公开发布的,旨在引起公众舆论,这样一来政府之后就很难退缩。这种信号最突出的例子发生在10月10日,当时索尔兹伯里迈出了**非同寻常的一步**,发表了关于危机的蓝皮书,收集了两国之间的关键信息。在此之前,谈判是私下进行的。随着蓝皮书的发表,双方采取的立场和论点都是公开的。英国公众可以亲眼看到政府的不妥协立场,以及法国主张之大胆。索尔兹伯里的行动**不仅异常,而且违反了通行的外交规范**:"出于礼貌,外交谈判记录一般不会在公众关心的谈判结束之前就向公众提供。"……同时,此举具有巨大的信号价值。通过以一种**非同寻常的方式**宣传英国的立场,索尔兹伯里有效地让自己陷入了困境:从这一立场撤退将带来巨大的政治代价。(Schultz 2001:186—187;强调字体为笔者所加)

"非同寻常"一词出现了无数次,以证明一件不大可能的证据(在此是公开蓝皮书)足以证实英国政府为自己造成高昂的和可见的观众成本的主张。对p(e)的评估是就事论事的。在某一个案中非同寻常的事可能在另一个案中是普通证据。舒尔茨提到公开发布关键信息不仅偏离了当时英国政府的正常行为,而且"违反了通行的外交规范",从而证明了公开发行蓝皮书的不寻常性质。就其本身来说，观察结果只是观察结果；结合处境知识来讲，它是极不可能存在的证据，因此比更可能的证据具有更强的推断权重。

所有证据并非生而平等。贝叶斯推断逻辑以及证据概率在其中的作用意味着我们应该尝试设计大胆的预测，以发现相对不可能存在的证据。但是，这带来了两大困境。首先，我们的经验检验必须是实用的。令人惊讶或难以置信的证据很难接触到，而一旦我们接触到了，又很难发现。其次，我们需要确保我们选择的证据能够代表证据的总体趋势。像蓝皮书这样的单一证据可能是反常的观察结果。因此，在使用极其不可能的证据时，重要的是要确定单一证据反映了更广泛的趋势。

所以，在大多数经验检验中，我们所作的预测都依赖于多件和多源的证据。但是，可以争辩说，利用多个相互独立的不同证据和证据来源实际上会降低 p(e)：当我们利用不同的证据来源时，找到相同的确证证据的可能性有多大？在一项针对古巴导弹危机的研究中，除非我们的观察结果能测量 e，否则在美国和苏联档案中找到相同的证据是极不可能的，而在回忆录和访谈中找到美国参与者的说法与美国档案记录相匹配的可能性则大得多。

根据证据的类型，评估其概率的形式可能非常不同。如果我们正在评估模式证据，假定我们对总体正态分布等有所了解，经典统计概率可能与评估发现 e 的概率相干。但是，即使在这里，我们也使用与侦探工作更相似的推理。弗里德曼提供了一个很好的例子，根据斯诺（Snow）对霍乱原因的研究，评估了模式证据的概率：斯诺"对该地区霍乱死亡进行了更为完整的统计。他的'地点地图'显示了流行期间霍乱死亡发生的地点，并且从地图上可以明显看出聚类"（Freedman 2011：226—227）。这里至关重要的是评估该模式的概率[p(e)]，例如，通过运用统计检验来确定到受感染水源的距离与霍乱发生率之间对应关系的预期概率。相反，如果我们要评估次序证据，那么假定我们对处境有所了解，给定的会议模式会有多么不寻常呢？

7.2 过程追踪中证据的来源

过程追踪研究中的信息源选择不是由随机抽样驱动的；取而代之的是，我们根据最适合使我们从事批判性理论检验的证据类型来选择其信息源。换句话说，信息源选择是受理论驱动的。

在过程追踪分析中通常使用不同的证据来源，每种证据来源都有其自身的优点和陷阱。我们首先介绍一种用广泛接受的盎格鲁-撒克逊术语来描述的原初和次生来源的方式（例如，Trachtenberg 2006）。然后，我们讨论与特定来源和工具相关的缺点，以改进基于这些来源的测量的准确性。

7.2.1 原初来源和次生来源之间的区别

我们将原初来源定义为给定过程的目击者的说法，例如，事件发生时参与者制作的文件。相反，次生来源是根据原初来源产生的。因此，研究原初来源（例如谈判的文献记录）的历史学家的作品就是次生来源。

通常很难确定某个来源是原初的还是次生的。受访者可以是原初来源；但是，如果受访者实际上没有参与，而是从其他参与者那里获得了信息，则访谈将是次生来源。

我们可以使用诸如文件标定日期和文本分析之类的工具来确定哪些来源是原初的，哪些来源是次生的（Milligan 1979）。例如，如果来源 A 与来源 B 具有相同的语言措辞，并且我们可以证明来源 A 的产生先于来源 B，则表明来源 B 应被视为基于来源 A 的次生材料，因为除非来源 B 借鉴自来源 A，否则它们不太可能使用相同的措辞。

从逻辑上讲，可以通过三种方式将来源 A 与来源 B 相关联（图 7.1）。第一，来源 B 具有来自来源 A 的信息。在这里，来源 A 是原初的而来源 B 是次生的。因此，在其他条件相同的情况下，我们应将较高的推断权重赋予来源 A 而不是来源 B。第二，如果来源 A 和来源 B 是从共同来源 C 中派生的报告，且来源 C 对我们来说是未知的，则来源 A 和来源 B 对我们都是原初的。但是，既然有共同来源，它们就不是彼此独立的。因此，当我们拥有来源 A 时，添加来源 B 并不会提供任何新的附加证据。如果来源 C 已知，则应将来源 A 和来源 B 视为次生的，将来源 C 视为原初的。因此我们应该使用来源 C 而不是来源 A 和来源 B。第三，如果来源 B 的某些部分借鉴了来源 A，但是来源 B 也报告了来源 C 中的某些信息，并且来源 C 对我们来说是未知的，则来源 A 是原初的，来源 B 中借鉴来源 A 的部分则是次生的，而那些依赖未知的来源 C 的部分对我们是原初的。但是，如果来源 C 和来源 A 都已知，则它们是原初来源，而来源 B 是次生来源（Erslev 1963：44—45）。①

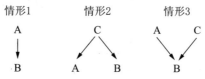

资料来源：基于 Erslev 1963。

图 7.1　各种来源之间的依赖性

7.2.2　访谈

在过程追踪研究中，最常用的证据来源之一是访谈，尤其是精英访谈，受访者在其中提供有关事件或他们的动机的信息，或者与被视为特定世界观代表的人进行访谈。由于许多过程追踪研究的目的都是通过采访过程中的关键行动者来获取有关政治事件的信息，因此本讨论聚焦于精英访谈（Tansey 2007）。访谈观察结果主要用于提供记述证据（我们对参与者有关过程不同方面的回忆感兴趣）和次序证据（我们想要收集有关过程中发生的事件次序的信息）。

在评估个人访谈的内容之前，需要考虑一下来源选择是否偏向一个方向。如果我们正在分析政治谈判，我们是否既与赢家也与输家进

---

① 大陆传统进一步区分了原初来源和次生来源以及所谓的一手来源和二手来源。后者的区别涉及我们与来源的关系。

行了交谈？引用一句谚语："成功有许多父亲；失败是个孤儿。"

采访提供的说法（记述）必须进行评估。受访人说了什么？也就是说，观察到的是什么？精英访谈的优势之一是，他们提供了采访实际参与被研究的个案的人员的机会。参与者的说法（记述）可能会为因果机制提供更直接的测量手段，取决于理论检验如何操作化。此外，访谈使研究人员可以超越书面流水账，收集有关事件深层处境的信息。

一旦确定了观察的内容，就需要从可靠性和偏差方面来评估证据的准确程度。要问的头一个问题是，受访者在此过程中的角色是什么？应该将观察结果作为原初材料还是次生材料？原初来源是直接参与了活动，而次生来源不在场，但是从其他来源（例如其他参与者或会议纪要）那里获取了信息。

通常，我们应期望原初来源的准确性高于次生来源的准确性，但情况并非总是如此。不能理解正在发生的事情或错误地感知事件的参与者，不如专家观察者的次生说法准确，后者充分接触了文献记录和许多不同参与者的说法。但是，如果观察者偏向于有关事件为何发生的特定理论，则次生说法也将包含显著的测量误差，这将降低观察结果的准确性。

一个特别的挑战是，受访者有时会夸大其在政治进程中的核心作用。受访者是不是在向壁虚构？克莱默举了苏联驻美国大使阿纳托利·多勃雷宁（Anatoly Dobrynin）这个例子，一些历史学家将他作为对导致古巴导弹危机的苏联决策过程进行观察的一个内部资料来源。然而，尽管多勃雷宁宣称云云，但克莱默认为他并不参与最高级别的协商讨论（Kramer 1990：215）。最糟糕的是，直到美国发现导弹之后，多勃雷宁才被告知导弹的部署情况（Kramer 1990：215）。因此，在其他条件相同的情况下，我们评估，他对高层讨论的说法不够准确。

当我们处理次生来源时，如果受访者依赖传闻，则观察结果或许不可靠。在这种类型的访谈中，研究者需要询问受访者他/她宣称的关于政治过程中发生了什么的来源。受访者是否从会议纪要或谈判之后立即与参与者进行的详细讨论中得出了自己所宣称的信息？

另一个陷阱是事件与采访之间的时长间隔。可以期望在谈判之后立即被采访的参与者能够对发生的事情有一个合乎情理的回忆，但是随着时间的流逝，记忆衰退将导致观察结果的可靠性降低。更隐蔽的风险是，参与者可能会通过阅读其他说法，并与其他参与者交谈，来改变其对发生了什么的解读以与其他说法匹配，如果我们在事后很长时间才采访这些参与者，可能会导致我们的观察结果出现偏差。

为了评估观察结果中的潜在偏差，需要问问受访者是否有潜在的动机讲一套事件的歪曲说法？确实，需要琢磨为什么受访者选择接受采访。如果只采访政治谈判中的赢家，则应对其所提供材料的潜在偏见提高警惕了。

由于人类记忆的不完善，访谈永远不会是一种完全可靠的测量工具。但是，可以通过在不同人员之间以及不同种类的来源（访谈、档案观察结果等）之间谨慎运用三角剖分来改善可靠性。

不过，为了使三角剖分有效，我们需要确定来源彼此独立。如果我们在不同访谈中进行三角剖分，则需要确保已与来自不同方面的参与者进行了访谈，以确立消息来源的独立性。如果我们正在调查涉及美国国会某项立法谈判的个案，那么我们可以说，如果我们采访了众议院和参议院两党的议员，以及卷入此事的他们的助手和说客，再加上参加谈判的白宫代表，那么跨独立来源的三角剖分也就发生了。如果我们在多重独立来源中找到相同的记述证据，那么除非 e 是 e 的准确测量，否则就极不可能找到此类证据。

跨不同类型来源的三角剖分还可以用于检查访谈观察的准确性（Tansey 2007），这再次取决于不同来源的独立性。如果我们采访参加某次会议的人，然后在会议纪要中找到相同的观察结果，则可以增加我们对观察结果准确性的信心。但是，如果我们采访的人也写了会议纪要，那么在两种不同的来源中找到相同的观察结果也无助于增加我们对观察结果准确性的信心。

7.2.3　档案材料

过程追踪学者通常希望基于社会科学家通常所说的"过硬"原初证

据来做个案研究,例如,由公共机构制作的描述了秘密发生的事情的官方内部文件(例如,Moravcsik 1998:80—85)。尽管甚至内部文件也可能包含测量误差,但是当它们作为发生的事情的非公开记录生成时,我们可以合理地确信它们是准确的。正如特拉赫滕贝格指出的那样:"如果这些记录甚至都不意味着准确,那么保存记录的意义又何在呢?"(Trachtenberg 2006:147)档案材料可以提供所有四种类型的证据。模式证据牵涉,例如,计算文件的数量和长度。次序证据可以是文件的形式,描述一段时期内举行了什么会议(例如会议议程)。痕迹证据可以采取会议纪要的形式,作为会议实际发生的证据(痕迹)。最后,会议纪要也可以用作现场发生情况的记述证据。

评估档案材料准确性的头一步是检查文件的真实性。如果在文件的作者、时期、样式、体裁或源头方面似乎有不正常的地方,我们就必须追根溯源,以评估来源是否可以告诉我们什么信息。相干问题是:(1)文件是在事件发生的时间和地点产生的,还是在事件发生之后和/或远离事件发生的地方产生的?(2)该文件是它声称的东西吗?(3)在什么地方、什么情况下产生的?(4)为什么形成文件?(5)这样的文件会告诉我们什么?自然,如果文件不是真实的,那么就对我们没有任何推断价值。

本小节的其余部分主要处理与处理官方档案(例如外交部档案)有关的挑战。但是,对于社会科学家感兴趣的许多研究问题,这种类型的档案可能是无意义的,也可能是不相干的。参与者的个人档案也可能是相干的,但是它们可能非常难以获得。对于许多研究问题,则没有相干的档案,这意味着必须使用其他类型的来源来追溯历史记录。

历史记录通常模棱两可(Wohlforth 1997),我们不建议有野心的学者在对假设的因果机制每个部件的出现/缺失进行有力检验的操作化之前先钻进档案中。在档案记录中找到答案通常类似于在干草垛里找到针头。没有一套明确的理论检验来指导人们在档案中进行搜索,这更像是在干草垛里找到了某件小物体,却不知道它是什么。用理论驱动搜索资料的效用,可以用夏洛克·福尔摩斯的故事《银色烈火》中的一段交流形象地说明:

福尔摩斯接过布袋，走到低洼处，把草席推到更中央的位置。然后伸长脖子伏身席上，双手托着下巴，仔细查看面前被践踏的泥土。

"哈！"他突然喊道，"这是什么？"

这是一根烧了一半的蜡火柴，上面裹着泥，猛然一看，就像一根小小的木棍。

"我想不到我怎么会把它忽略了。"探长神情懊恼地说道。

"它埋在泥里，是不容易发现。我之所以能看到它，是因为我正在有意找它。"(A.C.Doyle 1975:17)

在我们接受收集在档案材料中的观察结果之前，我们需要根据我们的背景知识（例如，档案材料产生的处境）以及该文件中可能存在的测量误差的可能来源，来评估观察结果到底是什么。

基本问题包括文件的来源。我们能假定它是真实的吗？为什么创建该文档？创建该文档的周遭环境和动机是什么（Thies 2002:357，359)？特拉赫滕贝格(Trachtenberg 2006:141)举例说明了把文件代进某个特定的国际冲突的处境中人们可能会提出的问题:每个国家想要什么？它们奉行什么政策？该政策扎根于什么样的想法？双方实际上做了什么？文件如何契合这个故事？在这里，我们需要评估文件的目的和创建文件的经验过程，以准确解读观察结果提供了什么样的证据(Larson 2001:343)。也就是说，我们需要评估 o+k→e。

来源告诉我们什么？它能否告知我们正在检查的因果机制的某个部件？证据是不是一个假设的因果机制部件的痕迹，其中仅给定证据片段的存在就可以证明该假设机制部件存在？例如，内部研究论文的存在，可以证实政府至少在谈判中付出了一些努力的说法。还是说来源记述了据称发生的事件，就像会议纪要？此外，这个来源是在事件发生时产生的还是在之后产生的？作者是亲自参与了事件，还是根据他人的说法制作了文件？例如，外交电报经常报告会议的次生说法，或者包含领导人助手之一转述的领导人对某一局面的解读。

在评估档案来源时，考虑此类文件通常包含什么是有用的。这可以称为文件体裁。美国国家安全委员会会议纪要或美国中央情报局研究论文通常包含哪些内容？

根据我们对文件体裁及其产生处境(o＋k)的了解评估观察结果之后，我们需要评估观察结果是否存在任何貌似合理的测量误差。来源是否可靠地说明了声称要测量的东西？如果来源声称它记录了会议中发生的事情，是否还有其他证据表明会议举行了？如果会议是政府间的，我们是否在其他政府档案中找到记述(Trachtenberg 2006：146)？如果该文件的产生时间比会议晚得多，那么在其他条件相同的情况下，我们应预期该文件不大可靠。

观察结果是否包含任何形式的系统性误差？我们知道，高层行动者试图歪曲历史记录，以支持自己的说法(Wohlforth 1997)。发生这种情况的一种方式是，对文件进行有选择的解密，将所有可获取的来源都倾斜到当局偏爱的事件说法上。因此，我们必须自问，为什么这份特定的文件被解密了而其他文件却没有被解密。这种选择性解密是否有潜在的偏差？

此外，观察结果本身被操纵的可能性如何？换言之，会议纪要是否反映了所发生的事情或决策者喜好的说法？这种形式偏差的风险在像苏联这样的集权独裁体制中尤其成问题，那里的官方记录仅反映了领导人希望他们说的话(English 1997)。在苏联的档案中，有充分迹象表明，文献记录反映了领导人的观点，尤其是在斯大林时代。

但是民主体制中也存在这个问题。英国广播公司的电视连续剧《是，首相》(Yes，*Prime Minister*)在一个夸张(希望如此!)的例子中说明了这个问题，这是虚构的两位公务员伯纳德(B)和汉弗莱爵士(SH)之间关于内阁会议纪要产生的交流：

> SH：我记得什么无关紧要。如果会议纪要中没有说他(首相)做了，那么他就没做。
>
> B：所以你要我伪造会议纪要？
>
> SH：我不是要这样！……
>
> B：那么你有什么建议，汉弗莱爵士？

SH：会议纪要并没有记录会议上所说的一切，是吗？

B：嗯，当然不会。

SH：人们在开会时会改变主意，不是吗？

B：是的……

SH：所以实际的会议实际上有大量的成分，从中各取所需……您可以从一堆杂乱的想法中选择一个代表首相观点的版本，因为他在反思时会喜欢它们浮现出来。

B：但是如果不是真实记录……

SH：会议纪要的目的不是记录事件，而是为了保护人。如果首相说出了他不打算说的话，尤其是如果这与他公开说过的话矛盾，您就不会记笔记。您试着改进已经说过的东西，并将其编排得更好。您很得体。

B：但是我该怎么开脱呢？

SH：您是他的仆人。

(BBC 1987)

档案文件的另一个挑战涉及使馆的情报估计和报告。在这里，我们需要考虑文件生产者和消费者之间的关系。一个典型的例子发生在20世纪60年代初越南战争期间，当时美国中央情报局在现场的下级官员对局面所作的评估一直非常悲观(Ford 1998)。但是，中央情报局更高级的官员意识到了华盛顿特区的情报消费者希望听到什么。因此，他们向下级官员施压，要求他们"加入团队"，并朝着更乐观的方向编辑文件。如果我们正在检验因果机制的某一部件（高层决策者是否了解越南当地的实际情况），那么我们的结果将大不相同，这取决于我们是否获得了第一个未经编辑的悲观版本，或者发给华盛顿的编造的最终乐观版本。

与访谈一样，三角剖分可用于评估并可能纠正测量误差，这取决于不同来源彼此独立。如果我们在两个不同政府的档案中找到同一事件的记载，那么除非它们实际上测量了发生的事情，否则我们很难找到这两个观察结果。

7.2.4 回忆录、公开演讲和其他形式的原初来源

现在我们转向通常被视为"软性"原初来源的各种原初来源——参与者的回忆录和日记、私人信件以及公开声明和演说。这些原初来源的共同点是通常计划将它们公开。只有最天真的人才期望写有重要事件的私人信件在死后仍然保持私密。因此，即使有朝一日可能会公开，私人信件也可被预期写下来。不过，我们可以用这些来源来提供记述证据——当然得有所分析，有所保留。相比之下，尽管在特别敏感的谈判中，参会者也会有强烈的动机去扭曲事件时间表，我们通常还是可以相信这些较软性的来源作为次序证据。

回忆录旨在公开，因此仅仅是行动者希望他人相信发生的事情的准确图片。具有历史意义的重大事件的参与者的私人日记和信件，由于有朝一日将被公开的可能性很高，因而也可能会有偏差。所以，就像回忆录一样，它们仅是参与者参加公共消费事件的准确测量。在评估这些观察结果来源时，我们需要问与访谈观察结果所问的相同的问题：这个人离事件有多近？这个人参加了事件吗，还是信息来自传闻？该来源是否有动机对事件作准确记述？例如，政治家可能倾向于在一系列事件中夸大其重要性，而公务员常常低估其角色以保持中立的面目。

当观察结果中包含的信息与来源的利益/动机一致时，我们对于声称其是准确的应格外谨慎。相反，如果作者提供的记述与他或她的利益相悖，除非它是准确的，否则我们不太可能找到这一观察结果，这意味着我们可以对其准确性给予更多的信心。

在特定情况下，公开声明和演说可以用作证据。演说经常被用来为政策选择辩护，因此不能用来测量决策背后的真正动机。例如，伊拉克战争的公开理由包括布什关于大规模杀伤性武器的演说，这不一定是入侵背后的真正动机。但是，如果我们在私人场景中（决策者可以更自由地发言）发现了相同的辩护理由，那么除非它们准确地反映出决策者的动机，否则我们就不可能在公共记录和私人记录中找到同样的陈述(Khong 1992:60)。

7.2.5　历史学术研究

在进行过程追踪研究时，我们通常非常依赖次生的历史学术研究。用斯考切波的话说："为每项调查重新做基础研究将是灾难性的；它将排除大多数比较历史研究。如果一个话题对于纯粹的基础研究来说太大了，并且如果专家的出色研究在某种程度上已经可以得到了，那么次生来源就适合作为一项给定研究的基础证据。"（引自 Lustick 1996：606）历史作品可以用作次序和记述证据。

在利用历史报告时，我们必须首先记住，历史作品并非"事实"。我们需要仔细评估我们从历史学术研究中使用的每个观察结果的可靠性和潜在偏差。

历史学家也是人，这意味着他们会犯错。历史学家可能会错误解读原初来源，导致对所发生的事情的描述性推断不正确。这并不意味着我们不能使用历史记述，而仅仅是我们必须意识到以下事实：任何给定的研究工作都可能不可靠。为了降低这种风险，我们应该对来自多个历史来源的观察结果作三角剖分，以确保降低随机测量误差的风险。

更成问题的是，历史学家的作品反映了他们内含的（或有时是外显的）理论。因此，"历史记录"并非中立的信息来源，而反映了这些理论（Lustick 1996）。当具有特定理论和概念倾向的社会科学家故意选择具有相同偏见的历史学家生产的作品时，就有实质性的偏差风险，从而导致错误地确证社会科学家偏爱的理论（Lustick 1996：606）。

例如，在冷战开始时的学术研究中，20 世纪 50 年代的第一代研究工作倾向于支持苏联和共产主义信条中固有的先天扩张主义倾向（"神经过敏的熊"）或作为传统大国的苏联行为是冷战的根源的理论（例如，White 2000）。这一学派紧随其后的是 20 世纪 60 年代的修正主义者的记述，指责美国，认为资本主义经济利益导致美国扩张而引发了冷战（例如，Williams 1962）。后修正主义学派在 20 世纪 70 年代提出了第三种理论，认为冷战主要是误解的产物，这种误解至少在某种程度上可以避免（例如，Gaddis 1972）。如果我们有兴趣检验一个关于知觉和错误知觉影响的自由派理论,那么我们会在后修正主义学派找到该理论的支持证据,而在前两个学派中会发现否定证据。用贝叶斯术语表示,这种形式的偏差意味着一种操纵检验结果的形式,会破坏我们更新对假说准确性的信心的能力。

拉斯提克解决这一偏差问题的办法是首先了解各个历史学派,然后对它们作三角剖分。研究者应选择最适合提供关键检验的历史作品。如果选择检验一种处理行动者知觉的理念性机制,就不应选择后修正主义学派的作品作为证据来源。

7.2.6 报纸来源

最后,报纸和其他新闻来源在某些情况下可以为我们打算测量的东西提供准确的观察结果。在欧文对假设的民主和平机制的部件5作检验的案例中(参见第5章),自由派媒体关于对法国的看法的社论是一种"自由派精英煽动"的原初证据。报纸可以提供模式证据(例如涉及某一主题的文章数量),次序证据(事件时间表),以及不同形式的记述证据。

但是,报纸来源的准确性通常很难进行评估。用莫拉夫茨科的话来说:"记者一般会重复政府的辩护理由或当下的传统智慧,而没有提供太多判断来源的性质或可靠性的依据。其次,而且更重要的是……即使可靠,他们的巨大数量和多样性意味着分析者提供此类证据的能力也几乎告诉不了我们什么,或者什么也告诉不了我们。"(Moravcsik 1998:81)在这里,我们同意拉尔森的观点,他认为这些形式的次生来源可以提供有关决策处境和所发生事件的重要背景材料,除非将观察结果与其他类型的来源进行三角剖分,否则它们不能用作过程追踪研究的证据。换言之,在公式 o+k→e 中,报纸来源通常在提供 k 方面比提供 o 方面更好。

8 混合方法设计中的个案选择和嵌套过程追踪研究

解释结果型过程追踪研究几乎就是独立的单一个案研究。相比之下，使用理论建构型或理论检验型变体做的单一个案研究并不旨在独立存在；相反，它们试图以其特殊的比较优势为我们了解更广泛的社会现象作出贡献。对两个尽管存在严重利益冲突但未走向战争的民主国家做的个案研究，更新了我们对互为民主与和平之间存在更一般因果关系的置信度，同时阐明了解释互为民主产生和平的机制。

然而，单一个案研究如何能有助于我们对因果关系进行更广泛的了解？本章说明了如何将过程追踪的理论建构和理论检验变体嵌套进更广泛的研究程序中，因为它们与其他社会科学研究方法在研究因果关系的系统性元素方面都具有以理论为中心的抱负，故而这是可能的。但是，只有通过基于使用其他方法作跨个案推断的案例选择技术，才能实现嵌套。此外，由于解释中包含了非系统性的、就事论事的机制，因此无法在嵌套分析中嵌入解释结果型过程追踪研究。

如第2章所述，选择运用哪种过程追踪取决于研究目的。首先，研究的目的是解释一个特别有趣的结果，还是具有以理论为中心的抱负？如果答案是前者，则选择解释结果设计，焦点是对特定结果进行最低限度的充分解释。相反，抱定理解跨个案总体因果关系的雄心引向选择理论建构或理论检验设计。

其次，在理论建构和理论检验变体之间进行选择时，是否存在针对已知自变项和依变项或条件之间经验相关性的完善的理论猜想，或者我们处于没有成熟的理论来解释现象的情形中，还是现有的理论在先前的经验分析中被否定？在第一种情形中，我们选择理论检验设计，而当我们缺乏合理的理论机制来解释结果时,则选择理论建构设计。

对于过程追踪的三种变体中的每一个,个案选择策略均不同,但是,通过将过程追踪视为一种单一方法,现有的关于过程追踪中个案选择的方法论文献已忽略了这一事实。我们要讨论为什么选择策略的现有方法论处方并不总是适用于过程追踪的不同变体(例如,Gerring 2007a;King,Keohane,and Verba 1994;Lieberman 2005)。在过程追踪的理论建构和检验变体中开发了用于个案选择的处方,尤其聚焦于这些处方如何与现有指南有所区别。相对而言,尽管在解释结果研究中也有可能为研究领域中正在进行的理论争论贡献洞见,但在解释结果设计中,个案选择并非基于研究设计策略,而是因为个案具有实质重要性(例如法国大革命)。

不过,这三种变体的共同点是,分析者需要明确个案选择的策略,详细说明选择具体个案背后的推理。鉴于通常不存在针对特定研究目的的完美个案,因此需要提出论据证明为什么该个案可以实现研究者的目标。

在讨论了个案选择策略以及它们如何使仅以理论为中心的过程追踪研究被嵌套进更广泛的混合方法设计之后,我们讨论使过程追踪研究的成果与其他研究方法的成果进行交流所面临的挑战。诸如频率论的、大样本统计方法或少数个案比较方法之类的方法,分析 X 和 Y 之间的规律性模式,而过程追踪法则同时查看 X 及将之与 Y 联系起来的机制。因此,存在着双方擦肩而过的风险,对 X 之于 Y 的因果效应分析可能与对 X 与 Y 的因果关系和机制的分析不兼容。现在我们转向对三种过程追踪变体之中个案选择策略的讨论。

8.1　理论检验型过程追踪

8.1.1　个案选择策略

理论检验型过程追踪的核心目标是超越用大样本方法发现的相关

性,尝试检验是否在 X 和 Y 之间找到假设的因果机制。根据利伯曼的观点,"鉴于统计分析中内生性和数据贫乏问题在国家层面分析中出现的可能,仅凭统计结果很难提供理论模型稳健的充分证据。几乎不可避免地,有关因果顺序、个案异质性和测量质量,会产生严重的问题。SNA(少数个案设计,例如过程追踪)提供了反制的重要机会"(Lieberman 2005:442)。

理论检验型过程追踪策略用于两种情形。首先,理论检验用于存在完善的理论猜想,但是我们不确定它们是否得到经验支持时。在莫拉夫茨科(Moravcsik 1999)对超国家倡导者机制的检验中(参见第 4 章),有一个可以被检验的完善理论,但是对于 X 和 Y 之间是否存在实际的经验相关性尚不确定。

其次,更常见的是在使用其他方法(通常是大样本研究)发现 X 和 Y 之间规律性的关联之后进行理论检验时。在此,分析目的是检验是否有证据表明某个因果机制将 X 和 Y 连接起来。在这种情形中,选择典型个案来检验假设的因果机制是否出现,而典型个案则基于先前的大样本分析选取(Gerring 2007a:89;Lieberman 2005:444—445)。一个典型个案是"(由原初推断界定)在个案总体中有代表性的"(Gerring 2007a:96)。

我们如何识别某个典型个案适合于理论检验过程追踪呢? 这个问题的答案取决于之前的大样本分析使用的是频率论方法还是像模糊集 QCA 这样的比较集合论方法。

首先看一下经过频率论分析后的个案选择,现有的方法论处方表明,在我们做了回归分析之后,典型个案就是残差最小的个案(Gerring 2007a;Lieberman 2005)。根据利伯曼的说法,当我们使用少数个案方法检验理论时,我们的个案选择策略应以通过回归分析发现的最佳拟合统计模型为依据(Lieberman 2005:444—445)。由于残差小,那些正好落在或接近回归线上(即图上标示的实际依变项分数对回归预测分数)的个案被确定为深入分析的可能候选对象。

在这种个案选择策略中,一个落在回归线上的个案(on-lier)使分析者能够检查虚假相关性,并能通过详尽阐述连接 X 和 Y 的因果机制来协助微调理论论证(Lieberman 2005)。选择策略背后的逻辑如图 8.1 所示,它说明了我们如何使用定距尺度变项测量经济发展水平和民主水平,描述经济发展命题的大样本统计分析的经验结果。经济发展水平的提高预计将带来一个国家民主程度的提升(例如,Burkhart and Lewis-Beck 1994)。典型个案的候选对象将是个案 1、个案 2、个案 3 和个案 5,因为它们是残差较小或为零的在线上的个案。由于个案 7 和个案 8 相对于回归线的残差值较大,因此我们不将其视为候选对象,而个案 4 和个案 6 的吸引力不如个案 1、个案 2、个案 3 和个案 5。

根据利伯曼的说法,如果我们选择两个或多个在结果上具有宽范围观察分值的线上个案,我们的信心将会得到更大提升(Lieberman 2005: 444)。在图 8.1 中,这将涉及选择个案 1 和个案 5 作两个平行理论检验。

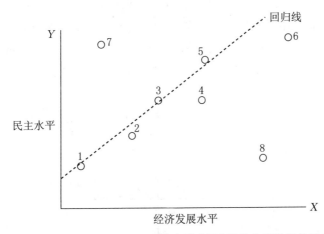

**图 8.1　在频率论分析之后作理论检验型过程追踪的个案选择传统智慧
(用假设数据说明经济发展命题)**

然而,这些现有的个案选择策略建议却忽略了理论检验型过程追踪的目的:调查个案中假设的因果机制是否出现。即使在理论上,X 和 Y 也要在选定的个案中同时出现,以使假设的因果机制出现。因此,在我们先验地知道假设的因果机制不可能出现的某一个案中,鉴于 X 或 Y 缺失,检验假设的因果机制是否出现是没有意义的。此外,使该机制起作用的范围条件也必须出现。

X 和/或 Y 值较低的个案实际上就是 X 和/或 Y 缺失的情况。在图 8.1 中，如果我们有兴趣检验是否可以使用深入的过程追踪法找到一种假设的经济发展因果机制，那么选择个案 1（一个经济落后的独裁国家）将无济于更新我们有关经济发展机制是否存在的信心，也不会阐明其运作方式。

在理论检验型过程追踪中，应选择 X 和 Y 以及相干范围条件同时出现的个案。然而，除了将 X 和 Y 概念化为二分变量时，频率论方法只为我们提供了极少的工具来确定这些条件是否出现。如果我们使用定距尺度变项进行操作，那么在哪个值上我们可以说 X 确实出现了呢？

运用集合论逻辑的比较方法为我们提供了更有用的工具，来选择用于理论检验型过程追踪的典型个案。正如我们在第 4 章中讨论过的，当我们从事过程追踪时，应以集合论术语将 X 和 Y 概念化，而不是将之作为变项。变项描述了一个概念的完整变异，包括两个极点，而 X 和 Y 的集合论概念化方式则以出现或缺失来理解它们。

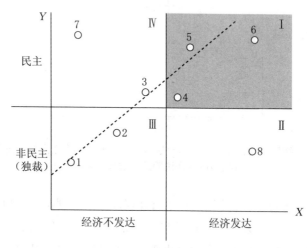

图 8.2　理论检验型过程追踪中的个案选择（用假设数据说明经济发展命题）

这可以采取两种形式。在清晰集逻辑中，概念取两个值：完全在集合内或完全在集合外。依图 8.2 所示，定性阈值线右边的个案被计为民主国家集合的成员,反之亦然。模糊集逻辑更合乎现实地将概念描述为是或不是集合的成员(属类差别),但开放了按个案在集合内多于在集合外来计算(或反之亦然)的可能(程度差别)(Ragin 2008)。模糊集和变项之间的关键差别在于,存在一个定性阈值标记了集合中个案的成员隶属,将它们与集合外的个案划了界。用模糊集的术语来理解,图 8.2 中的阈值线将标记确定集合内成员隶属的定性阈值,而各象限内的位置基于集合中的成员隶属度(内多于外、完全在内等)。使用真实数据,与在通常的定距尺度分值相比,个案在各象限内的放置在模糊集中通常会有所不同,取决于模糊集的校准方式(参见 Ragin 2008:Chapter 4)。出于启发式原因,我们在所有图中都保持相同的放置位置。

图 8.2 说明了用集合论术语进行概念化的重要性及其对个案选择的影响。代替定距变项,我们为各个个案替换了假设的模糊集评分。(无论用清晰集评分还是用模糊集评分,用于个案选择的基本处方都是一样的。)模糊集评分为 1 等于完全隶属于集合,值 0.5 是在内或在外之间的定性阈值,而值 0 指完全落在集合之外。

图 8.1 和图 8.2 之间的关键区别在于,纳入民主和经济发展集合中成员隶属的定性阈值线使我们能够发现哪些典型个案对于检验是否有联系 X 和 Y 的因果机制是相干的。可以选择的是那些在描绘在阴影象限 I(个案 4、个案 5、个案 6)中的民主和经济发达国家集合的成员。

尽管根据利伯曼建议的策略,个案 1、个案 2 和个案 3 是适当的,但选择它们并不会更新我们对假设的经济发展因果机制的信心。个案 1 和个案 2 是不发达独裁国家的案例,而个案 3 则是一个异常个案,对于它我们应预期经济发展之外的其他机制正促成民主。个案 4 和个案 6 与理论检验型过程追踪更加相干,因为尽管与使用定距尺度变项发现的回归线(仅出于启发目的复制在图 8.2 中)相关的残差相对较大,但这两个个案都满足了最重要的选择标准——X 和 Y 都是 X 和 Y 集合的成员。如果我们使用模糊集评分,则最佳典型个案是位于象限 I 的个案分布中间的个案。除了 X 和 Y,该机制运作的范围条件也得出现。

总而言之,可以选择用于理论检验型过程追踪的典型个案是 X 和 Y 都出现(至少是假设出现)的个案,且具有允许被理论化的机制运作的范围条件。

不过，以模糊集术语表述概念的典型个案之间存在程度差别，从最有可能的个案到最不可能的个案，取决于处境对机制运作多有利，以及 X 和 Y 在集合中的隶属度（Eckstein 1975：118—120；Gerring 2007a：116—121）。当将 X 和 Y 表述为定距尺度变项时，这些程度差别也能在一定程度上捕捉到，尽管使用传统的定距尺度变项，我们缺乏有关标记 X 和 Y 是否出现的临界值的信息。因此，我们认为，模糊集 QCA 评分为在理论检验型过程追踪中选择最有可能和最不可能的个案提供了更相干的信息，因为它们同时捕捉到了属类差别（出现与否）和程度差别（最有可能对最不可能）之间的区别。在图 8.3 中描述了最有可能区域（个案 6）和最不可能区域（个案 4）之内的个案，而个案 5 仍旧只是一个典型个案。

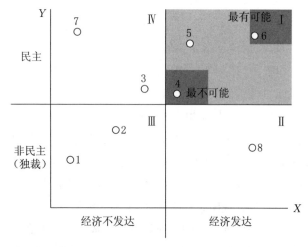

注：最有可能个案的区域显示为第Ⅰ象限右上角的方框，最不可能个案的区域显示为第Ⅰ象限左下角的方框。

图 8.3 理论检验型过程追踪中最有可能的和最不可能的个案
（用假设数据说明经济发展命题）

最有可能的典型个案是，给定 X 和 Y 模糊集评分高且使该机制起作用的范围条件非常有利，我们最期待假设的因果机制出现的个案。使用模糊集评分，X 和 Y 都会有较高的隶属分值（图 8.3 中的个案 6）。

相反,最不可能的典型个案是我们对出现假设的因果机制期待最小的个案;出现了 X 和 Y(但在使用模糊集评分时隶属度低,如图 8.3 中的个案 4 所示),且范围条件使我们可以预测该机制不太可能出现。关于范围条件,一个类比是检验失火因果机制。最有可能的个案处境是其范围条件极其有利(大量氧气、大量的干燃料等),而最不可能的个案处境是在有利的范围条件不够充足(例如,氧气很少、燃料相对潮湿等),但在理论上至少仍有可能失火。

最有可能的单一个案具有两个功能。首先,最有可能个案可以用于我们根本不确定假设的因果机制是否存在之时。在此,我们对个案总体中该机制出现的先验概率[$p(h)$]会非常低。一项发现该机制存在的单一理论检验将通过提高后验概率[$p(h_p|e)\uparrow$]来增加我们最初对该机制的存在非常低的置信度,使我们能够更有信心地推断该机制存在。但是,基于最有可能的单一个案,我们无法对它在更广泛的个案总体中存在的范围作推断。此外,一旦先验概率已被更新到非常低的水平,新添的找到该机制存在的最有可能个案研究将几乎无法更新我们的信心。

其次,最有可能研究是在没有发现因果机制和/或 Y 的情况下,朝着降低我们对存在因果机制的信心(或埃克斯坦所说的"无效化")的方向能作出跨个案推断(Eckstein 1975:119)。当莫拉夫茨科发现超国家行动者没有影响力并且在最有可能的个案中并未出现假设联系 X 和 Y 的因果机制时,这使作跨个案推断得以可能,从而在可比个案的整个总体中朝着向下的方向更新了对超国家倡导者机制的信心(Moravcsik 1999)。

基于利维所谓的"辛纳屈推断"(Sinatra inference)——"如果我能在那里办到,我就能在任何地方办到"(Levy 2002:144),当在单一个案中找到某个因果机制时,最不可能的个案使得跨个案推断得以可能。由于失败的可能性相对较高,因此用最不可能的个案来检验理论可被视为高风险策略。失败被理解为一个无法进行更新的研究结果。如果在最不可能的个案中找不到该机制,既然我们最初也几乎没抱希望能发现它出现,我们也就无法更新对其在更广泛的总体中出现的信心。

相反,这也可能被认为是潜在地有高收益的策略,因为如果我们能在不利的场景下找到该机制,那么这将大大增加我们对这个因果机制在更广泛的个案总体中存在的信心。

在这两种情况下,使得作跨个案推断可行的是,基于使用概念的模糊集理论定义作的较大样本的比较分析,将个案分类为最有可能/最不可能的个案。换言之,跨个案推断并非基于单个过程追踪研究的发现,而只能通过使用比较模糊集方法将单一个案嵌套进更宽泛的研究程序之中来实现。凭借其自身的优点,单个过程追踪理论检验无法产生任何跨个案推断,而只能更新我们对特定个案中因果机制出现/缺失的信心,可以作强有力的个案内推断,但不能作跨个案推断。

当我们对典型个案进行多重平行理论检验时,跨个案推断会更强有力。但重要的是,首先要强调,如果我们认真对待因果性的机制论理解,则由于因果机制具有就事论事的表现,因而无法将典型个案的两个或多个理论检验的结果严格地相互比较。如果我们正在研究一项关于议会动力的机制,虽然该机制会被概念化为由可比较的若干部件组成,但个案中的实际经验表现在各个个案之间将有很大差别,因此原则上是不可比的。例如,机制的一个部件能处理党际动力问题,则根据我们研究的是荷兰、法国还是西班牙议会,它看起来就会非常不同。

使我们能够以合理的置信度推断该机制存在于个案总体之中所需的典型个案的数目,取决于(1)个案更新我们对某一机制出现/缺失的信心的能力和(2)我们对因果复杂性和机制的处境特异性的预设。

首先,以贝叶斯推断逻辑为基础,尤其是基于研究是对理论有效性的信心进行更新的观念,如果找到了一项机制,最不可能个案通常就可以单独应付,但是若没有找到,它们就无济于更新我们的信心。因此,最不可能个案具有较强的确证效力,但几乎没有否定效力。因此,在最有可能个案研究之后接着来一个最不可能个案研究的迭代研究策略通常能成为更富有成效的进攻路线,尤其是当我们最初对理论的有效性不是很有信心的时候。如果该机制被发现出现在最有可能的个案中,则可以用最不可能的个案确定其运作界限。

不过,我们评估某一机制的处境特异性的能力取决于我们对因果复杂性的预设。略微简化一下,对于运用频率论方法进行因果推断,预设因果同质性意味着没有多重不同的因果机制可以将给定的 X 与 Y 连接起来。也就是说,假定了等价性不存在。如果我们预设了因果同质性,则一个典型个案将大大提高我们对某一机制在跨个案总体中出现/缺失的信心。相比之下,在少数个案比较法和过程追踪法中,都假定因果关系要复杂得多,并有通向同一结果的多重路径(等价性永存)。然而,这又严重限制了我们基于单一典型个案作跨个案推断的能力,因为我们无法推断出若我们在 X 和 Y 之间发现了因果机制,则同一机制在其他可比个案中也会起作用,因为可能存在多种有助于产生相同结果的机制。在这种情形下,我们需要对典型个案进行多重检验,然后才能作跨个案推断。

8.2　理论建构型过程追踪

理论建构型过程追踪研究旨在建构超越单一个案亦可适用的因果机制理论。考虑到以理论为中心的抱负,只有那些被理论化为具有跨个案总体上的因果效应的系统性部件才被纳入理论化的机制之中。

个案选择策略取决于目的是(1)揭示 X 和 Y 之间的机制,还是(2)当我们知道结果但不确定什么机制使之发生时,是否尝试建构理论。

第一种情形是当我们知道 X 和 Y 之间存在相关性,但对于将两者连接起来的潜在机制却两眼一抹黑。在这种以 X - Y 为中心的理论建构形式中,分析者应选择考察某一典型个案,来识别能在后续研究中进行经验检验的合理的因果机制(Gerring 2007a:91—97)。在此,典型个案被定义为 X 和 Y 集合的成员;此外,还具有机制运行所需的范围条件。在这种情况下,用于理论建构的候选个案与用于理论检验变体的候选个案相同(图 8.4 中象限Ⅰ的个案 4、个案 5 和个案 6)。个案 8 是研究经济发展如何促成民主的一个异常个案,将之与典型个案进行比较,可了解在何种处境下该机制不起作用,所以它也是相干的个案。

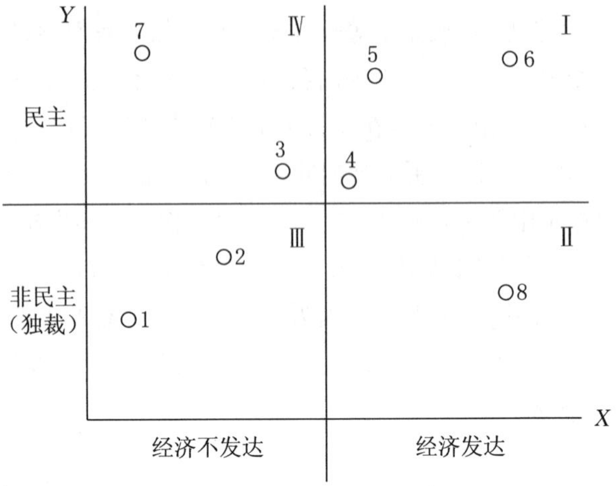

图8.4　理论建构型过程跟踪中的个案选择(用假设数据说明经济发展命题)

　　贾尼斯对群体思维的研究(Janis 1983)就是为建立新的理论化因果机制的典型个案选择策略的一个例子。X 的值(决策是否在一个小团体中作出)和 Y 的值(一个低劣的决策过程)都已知,于是贾尼斯选择了一个典型的(尽管很令人迷惑)个案,通过研究决策过程来建构他的理论,在此决策过程中,肯尼迪政府中一群"最好和最聪明"的官员决定支持流亡古巴人(在美国资助下)入侵猪湾。

　　第二种情形是结果(Y)已知,但我们不确定是什么使结果发生。充分的解释尚未建立;取而代之的是,人们发现了一个相对简约的机制,有助于 Y 的发生,但又没有完全解释它。

　　在这第二种情形下的个案选择类似于一种异常个案选择策略。盖林将异常个案定义为"通过参照对某个话题的某种一般性理解(具体理论或常识),展现出令人惊讶的价值(结果)"(Gerring 2007a:105)。因此,异常个案相对于现有知识来界定。异常个案的结果可能被证明是由先前被忽略,但其效应已从其他研究中众所周知的机制所引起的(George and Bennett 2005:111)。然后,源自研究异常个案的新的理论化因果机制,可以使用大样本方法或理论检验型过程追踪个案研究来进行检验。

如果我们要解释能有助于在不发达国家产生民主(结果)的替代机制,那么在以 Y 为中心的理论建构变体中选择个案的候选者将是象限Ⅳ中的个案3或个案7。该结果民主必须出现,但一个异常个案意味着现有的 X(经济发展)不能解释结果,这意味着象限Ⅰ中的个案都不是异常个案。在个案3和个案7中,由于缺少经济发展,经济发展机制无法解释民主。取而代之的是,可以使用个案3或个案7研究在不发达国家建立合理的替代民主化因果机制。象限Ⅱ和象限Ⅲ中的个案并非异常个案,因为该结果民主未出现。

现有建议表明,比较典型个案和异常个案以探查被遗漏的变项是有益的(Gerring 2007a；Lieberman 2005)。然而,就像在理论检验型过程追踪中选择个案的现有建议一样,这反映出没有认真对待因果机制。拿调查经济发展机制的个案与基于完全不同的机制的个案作比较,可以获得什么样的分析杠杆?只有通过比较促成相同结果的机制,才能获得建构和检验理论的牵引力。

8.3　解释结果型过程追踪

并非所有个案都是平等的。某些个案因其在真实世界中或理论上的后果而更可见和更有影响。第一次世界大战在两个方面都无与伦比。它的起源和后果也是我们在政治心理学、战争与和平、民主化和国家结构等各领域主要理论的基础。

——勒博(Lebow 2000—2001：594)

解释结果型过程追踪的目的不同于另外两种变体。在解释结果型过程追踪中,我们试图针对为什么在具体个案中会产生某一结果给出最低限度的充分解释。解释结果型过程追踪既包括系统性部件,也包括就事论事的(非系统性)部件。这种类型的过程追踪更倾向于以个案为中心的个案研究，而非以理论为中心的抱负，即将之推广到更宽泛的总体。普沃斯基和图恩（Przeworski and Teune 1970）恰当地描述了这种区别，即使用专有名词加上定冠词表述的个案（以个案为中心的个案，如法国大革命）和由普通名词加上不定冠词表述的个案（以理论为中心———一场革命）。

解释结果型过程追踪的个案选择策略是由强烈的解释特定结果的兴趣驱动的。然而，这并不意味着没有兴趣解释跨个案的结果。例如，杰维斯（Jervis 2010）对美国全国情报界情报失灵的分析试图在两个个案中建构对情报失灵最低限度的充分解释：1979年未探察到针对伊朗国王的政变，以及2003年确信大规模杀伤性武器在伊拉克出现。不过其结论讨论了可用于其他可比个案的经验教训，这些经验教训可以理解为能在其他个案中作进一步研究的潜在系统性机制。

因此，我们不应太过分地在解释结果型和理论建构型过程追踪之间划清界限。它们之间的差别更多是程度问题，而不是属类差别，解释结果型过程追踪个案研究通常指向具体的系统性机制，这些机制原则上可以在更宽泛的个案总体中进行检验，或者可以作为未来尝试创建可推广的因果机制的砖头瓦块，以能够解释贯穿相干个案总体的结果。

不过，结论是，在解释结果型过程追踪研究中纳入非系统性机制，使得不可能将这种类型的过程追踪个案研究明确地嵌套进混合方法研究设计之中（Rohlfing 2008：1494—1495）。

8.4 混合方法设计中嵌套以理论为中心的过程追踪研究的挑战

由于其个案选择策略基于大样本分析的结果，理论检验研究通常明确地嵌套进更宽泛的混合方法研究程序中。将理论检验型过程追踪研究嵌套进混合方法研究设计中必须解决两大挑战。

首先，用过程追踪检验的理论类型需要与在大样本分析中检验的理论类型兼容。如第 2 章所讨论的，在单一个案研究中检验概率论理论基本上没有意义，因为如果我们找不到假设的机制，也无法知道是理论错了，还是特定个案是可以证明一般规则的例外。但是，当尝试将过程追踪理论检验与以概率论方式理解理论的频率论大样本方法相结合时，理论得是决定论的这一要求构成了艰巨的挑战。不过，理论上可以通过将表述为"X 增加时，我们应期待 Y 会趋向增加"的理论重新概念化为比如"X 是 Y 的必要条件"的理论，把概率论理论转化为决定论理论（有关此挑战的更多讨论，参见 Goertz and Starr 2003；Mahoney 2008）。

其次，与过程追踪相比，频率论的和比较的方法基本上研究的是不同类型的因果关系（参见第 2 章）。问题与我们要推断的确切内容有关。在频率论的、大样本的和比较的方法中，推断是就 X 和 Y 之间的规律性模式来作的，而在过程追踪中，我们就 X 和 Y 之间因果机制的出现作推断。典型的频率论分析将调查 X 对 Y 发生率的因果效应，而过程追踪研究将调查个案中某种机制是否出现，调查是否 $X \rightarrow$ $[(n_1 \rightarrow) \times (n_2 \rightarrow)] Y$。调查机制意味着焦点是关于 X 和 Y 之间发生了什么，而频率论路径则聚焦于 X 和 Y。实际上，我们在研究两种不同的东西：因果效应与因果机制。用吃比萨来打比方，在频率论分析中，我们只会品尝到两面的皮，而在过程追踪研究中则同时吃了皮和中间的食材。

我们如何确保我们在过程追踪个案研究中研究的东西可以与使用其他研究方法作出的推断能进行交流呢？这个难题的一种可能的解决方案是调查通过重新概念化 X 和机制（作为一种与 QCA 兼容的因果组合配置，参见 Ragin 2000）来输出传播过程追踪成果的方式方法。例如，欧文的民主和平因果机制可以被重新概念化为由民主和自由派团体和积极回应的政府组成的因果组合配置，然后可以用中等规模样本（medium-n）的 QCA 等其他方法对其进行分析。在许多情况下，QCA运用对因果性的决定论理解，使其更易于与过程追踪检验兼容。

另一个解决方案是务实的，在分析中明确标记出问题，同时确保一个人对 X 的概念化要采用与其他跨个案方法相互之间可比较的方式。如果我们的过程追踪理论检验采用一种对 X 的概念化方式与用其他

方法研究该现象的 X 可比,则我们可以在过程追踪理论检验中作出两项推断:(1)基于找到的证据,我们可以推断 X 和机制在个案 A 中出现了,且(2)鉴于个案 A 是最不可能的个案,我们可以推断 X 和该机制也出现在其他相干个案总体之中。第一项个案内推断是用过程追踪作的,而随后的跨个案推断则采用了比较的逻辑,将总体划分为最有可能的和最不可能的个案。但是,单个(或少数几个)过程追踪理论检验本身不能对 X 和机制在总体中的出现作跨个案推断。

一项理论建构型过程追踪个案研究本身并不试图作跨个案推断,而是仅试图基于经验证据的归纳建构合理的假设因果机制。不过,理论建构型过程追踪并非为理论的缘故而建构理论。理论建构型过程追踪或隐或显地嵌套在更宽泛的研究设计中,随后可以用理论检验型过程追踪或其他方法来检测新建构的假设机制,以探察在其他个案中该机制是否出现。这意味着我们无论在有关因果理论与机制方面,还是在对不同理论中使用的因果性的理解上,都遇到了与理论检验相同的问题。这意味着我们使用过程追踪建构因果机制理论的能力存在明显的局限,然后可以使用其他研究方法进行检验,在这些研究中,理论在混合方法设计中以概率论方式加以表述。

其他挑战还包括构建理论化机制中的风险,我们忽略了机制的某一重要系统性部件,或将机制的非系统性部件误归类为系统性部件,反之亦然(Rohlfing 2008:1509—1510)。

8.5 结论

表 8.1 总结了过程追踪三种变体在目的和抱负、个案选择策略以及所包含的因果机制类型(系统性的或非系统性的)方面的关键差别。

首先,理论检验型研究和理论建构型研究具有以理论为中心的理论抱负,旨在提出关于给定现象总体内因果关系的一般化概括,而在必须作出决定时,解释结果型研究优先考虑具体个案而不是普遍性。

其次,个案选择策略各不相同,理论检验型研究中选择个案的理由仅在于 X 和 Y 都出现。当我们尝试将理论检验嵌套进更宽泛的混合方法设计中时,在 X 和 Y 都出现的一组个案中,当我们不确定是否有某一机制的任何经验基础时,我们尝试选择最有可能的个案。相反,在评估像经济发展命题这样经过深入研究的经验相关性时,我们可能会选择一个最不可能的个案,以便对机制的出现作更强有力的跨个案推断。

表 8.1 过程追踪三种变体中研究设计的差别

	理论检验型	理论建构型	解释结果型
研究抱负	以理论为中心	以理论为中心	就事论事
分析目标	检验连接 $X:Y$ 的因果机制	(1) 在典型个案中识别连接 $X:Y$ 的因果机制,或 (2) 在异常个案中确切表述产生 Y 的机制	就特定结果构建最低限度的充分理论解释
个案选择策略	X、Y 和范围条件出现	X 和机制以及 Y 假设出现(典型个案),或 Y 出现(异常个案)	有趣的结果,实质上和理论上都重要
因……的抱负选择个案	在经验检验中检验因果机制部件的必要性	基于经验证据将合理的因果机制理论化	在单个重要个案中证明因果机制(或机制的集合)最低限度的充分性
在更宽泛的混合方法设计中过程追踪某变体的运用	(1) $X:Y$ 的相关性已被发现,但我们对因果性无把握 (2) 存在一个完善的理论,但我们不确定是否有经验性支持	(1) $X:Y$ 的相关性已被发现,但我们对 X 产生 Y 的因果机制无把握 (2) 我们不能用现有的理论解释什么产生了 Y,从而建构了一项新的理论化机制以解释异常个案	不可能,因为纳入了非系统性部件,尽管有限的经验教训中可以抽出可能的系统性部件,值得在其他个案中进一步加以研究

在理论建构中,当我们知道 X 和 Y 但不确定连接两者的机制时,我们选择典型个案,而当我们知道 Y 但不知道 X 时选择异常个案。解

释结果研究选择特别有趣的结果，因为它们实质上和理论上都重要（例如，冷战的结束、第二次世界大战的开始），并且因为我们无法用现有的理论来解释特定的结果。

理论检验型过程追踪评估在单一个案中是否有经验证据，可以更新我们对理论化因果机制出现/缺失的信心，而理论建构型过程追踪则以经验证据为出发点，通过回溯归纳基于经验证据建构合理的连接 X 和 Y 的理论性因果机制。解释结果型过程追踪研究涉及一系列步骤，其中现有的理论化机制被检验其解释效力，然后根据最初分析切分的经验教训对理论进行修订，依此类推，直到对结果的最低限度的充分解释被精心加工出来。

最后，尽管理论建构型过程追踪和理论检验型过程追踪都可以嵌套进更宽泛的混合方法研究设计中，但由于解释结果型研究的分析中包含非系统性部件，因此无法被纳入。不过，要在混合方法设计中采用理论建构型过程追踪或理论检验型过程追踪，就需要以决定论方式确切表述理论，并且当我们将过程追踪分析的发现输出到规律性研究路径时，我们需要确保我们正在研究大致相同的东西（无论是 $X:Y$ 的规律性还是 X 和机制）。

附录　一份过程追踪分析清单

本附录提出了一系列问题，当根据本书中提出的论点运用过程追踪的三种变体时，可以拿来充当清单。我们首先具体说明与运用过程追踪相干的研究情形的类型，以及在具体环境中可被应用的变体。然后，我们将浏览三种变体中各自研究过程的各个阶段，聚焦于个案选择、概念化、开发经验检验和证据评估。

A.1　什么时候可以使用过程追踪？我们应该选择哪种变体？

当你想用深入的定性个案研究研究因果机制时，就选择过程追踪。你更想对特定个案中机制出现与否作强有力的个案内推断，还是要适用于更宽泛现象总体的跨个案推断？若是前者，使用过程追踪法；若是后者，则用其他方法，例如模糊集 QCA 或将过程追踪与比较方法结合使用（参见第 8 章）。

应该提出以下问题：

- 你打算进行哪种类型的因果推断？
- 如果在单一个案中检验机制各部件的必要性（即机制是否出现或缺失？），请使用理论检验型或解释结果型过程追踪。
- 你是否有以理论为中心或以个案为中心的抱负？

- 如果你有以个案为中心的抱负，以解释特定个案的结果，请使用解释结果型过程追踪。
- 如果你有以理论为中心的抱负，请选择理论建构型过程追踪或理论检验型过程追踪。

在过程追踪不同变体之间进行选择时：

- 当(1)X 和 Y 之间存在公认的经验相关性，但我们对两者之间的潜在机制一无所知，或(2)我们知道结果，但不确定什么机制有助于产生该结果时，选择理论建构型过程追踪。
- 当有一个完善的理论猜想，可以演绎出貌似合理的机制，然后可在单一个案研究中进行检验时，选择理论检验型过程追踪。
- 当你有一个特别有趣和令人迷惑的结果需要加以解释时，选择解释结果型过程追踪。

A.2　理论检验型过程追踪清单

A.2.1　因果机制的概念化

关键的理论概念应定义为以集合论术语表述的系统化的概念。此后，应将因果机制概念化，分解为由参与活动的实体组成的一系列部件。以这些术语进行概念化使我们能够从理论上捕捉到因果力量通过因果机制传递以产生结果的实际过程。因果机制描述范围条件、因果机制的初始条件(X)和结果(Y)，以及同样重要的，X 和 Y 之间产生结果的理论性机制。

- 你对 X 和 Y 的系统化概念定义是否包括与该机制因果相干的特征？

- 你的概念是否以集合论的方式定义？（是否有定性阈值？）
- 是否已经表述的理论性因果机制已经存在，或者你是否必须基于因果理论将之概念化？
- 机制能否以合理的方式被分解为一组不同的部件（$n_1 \rightarrow$）…（$n_n \rightarrow$）？
- 理论化机制中包含的部件是系统性的还是非系统性的？
- 如果是非系统性的，请将它们从因果机制中排除。
- 你是否以包含实体和活动（用名词和动词表达）的方式概念化了机制中的各个部件？
- 机制的每个部件是否都是整个机制个别非充分但必要的部件？
- 概念化和检验因果机制的适当层次应是什么？在哪个层次上预测的经验表现形式能被最好地加以研究？
  ○ 结构机制（宏观层面）
  ○ 情境机制（宏观到微观）
  ○ 行动成型机制（微观层面）
  ○ 转型机制（微观到宏观）
- 机制的时间维度是什么？它是短期还是长期运作，什么是结果变明显的时间范围？
- 你正在使用哪种类型的理论解释？包括适当类型理论（结构性、制度性、理念性或心理性）的共同建筑材料。
- 你是否明确表述了整体机制的理论性前提，以及如果可能，每个部件的呢？
- 一个个案的理论性命题是什么？什么是该命题的相关总体，即，你正在研究的理论化机制的范围是什么？预期在什么范围条件内运行（处境）？

A.2.2　个案选择

在理论检验型过程追踪中，目的是调查个案中假设的因果机制是否出现。为了使假设的因果机制出现在理论中，在选定的个案中 X 和 Y 都必须出现。因此，在我们先验地知道假设的因果机制不可能出现的情况下，鉴于 X 或 Y 均未出现，检验假设的因果机制是否出现几乎没有意义。不要基于回归线式的逻辑选择个案。

- X 和 Y 以及相干的范围条件是否出现在个案之中？
- 选择一个典型案例，如果分析使用的是模糊集合概念，则这个案例可能是最有可能或最不可能的案例。
- 考虑如何将你的理论性结论嵌套进更宽泛的研究设计之中。

A.2.3 经验检验的操作化

在概念化和个案选择之后，对机制的不同部件的经验检验应被操作化。过程追踪中经验检验的逻辑是，如果我们期望 X 产生 Y，则 X 和 Y 之间的机制的每个部件都应留下可在经验材料中观察到的预测经验表现。有关我们应找到哪些证据的预测将因果机制的理论性概念转化为就事论事的检验。

检验要尽可能是特异的和确定的，应基于我们对具体个案的了解加以表述。预测的证据不应仅仅是产生结果 Y 的一系列经验事件。相反，它们应被视为概念化的理论性因果机制中各部件的经验表现，聚焦于测量传递因果力量的实体的活动。

- 要发现的证据的经验性预测是否已经以能够使我们捕捉到因果力量通过理论化因果机制传递的痕迹的方式加以表述？
- 在设计经验检验时，贝叶斯推断逻辑表明我们需要最大化证据的推理能力，以更新我们对假说有效性的信心。这涉及对以下方面作出强有力的预测：

○ 我们应该期待哪些证据来看到因果机制的某一部件是否
存在?

○ 什么可以作为替代假说的证据?

○ 当预测的证据没找到时我们可以得出什么结论? 也就是
说,什么算作否定证据(～e)?

检验力度有两个维度要加以考虑:

1. 你的检验是否试图以经验表现的预测与那些其他理论预
测不重叠的方式最大化的独特性水平(似然比)?(确证效力)

2. 你的检验是否试图最大化预测的确定性水平,这意味着该
预测是明确的,必须遵守该预测(e)必须被观察到或该理论无法通
过经验检验?(否定效力)

A.2.4 评估经验材料

在过程追踪个案研究中,我们需要先评估经验性观察结果的内容
和准确性,然后才能将其接受为可以用来更新我们对因果机制是否出
现或缺失的信心的证据。然后,我们需要评估在特定个案处境下证据
的可能性:在其他条件相同的情况下,更不可能的证据可以作出更强的
因果推断。

● 根据经验预测收集经验数据,以了解若假设的因果机制出
现,我们应预期看到哪种类型的预测证据。

● 评估我们收集到的观察结果的内容;用我们的处境知识确
定我们的观察结果是否为证据。

● 我们可以相信我们收集到的证据吗? 什么是潜在的错误来
源,我们是否可以对其进行纠正,以便我们可以在理论检验
中将观察结果用作证据来更新假设的因果机制的后验概率
[即评估 p(a)]?

● 根据个案的处境找到预测证据的概率是多少[评估 p(e)]？

A.3 理论建构型过程追踪清单

A.3.1 理论概念的概念化

● 你知道 X 和 Y，还是只确定了 Y？
● 你的概念（X 和/或 Y）是否以集合论方式加以定义？（即具有定性阈值）

A.3.2 个案选择

个案选择策略取决于选择理论建构型过程追踪的原因。有两种不同的情形。第一种情形是，当我们知道 X 和 Y 之间存在相关性，但是关于将两者联系起来的潜在机制却一无所知时。在这种以 $X - Y$ 为中心的理论建构形式中，分析者应选择检查一个典型个案，以确定可以在后续研究中进行经验检验的合理的因果机制。第二种情形是结果（Y）已知，但是我们不确定是什么使结果发生。在这种理论建构变体中，目的是识别一个或多个 X，并尝试建构合理的机制说明 X 和 Y 如何因果地联系起来。在这种情形下的个案选择类似于一种异常案例选择策略。然后希望通过研究异常个案得出的新的理论因果机制可适用于其他类似（异常）案例。

● 当 Y 已知，但我们不确定是什么产生了 Y 时，选择异常个案作理论建构。
● 当 X 和 Y 均出现，但我们不知道其机制为何时，选择典型个案。

A.3.3 建构基于经验分析的理论机制

- 创建个案的详尽经验叙述。
- 归纳工作时要小心——经验事实不会为它们自己说话。
- 受到现有理论化工作和从经验记述中得出的直觉启发，搜索潜在合理的系统性机制部件的经验表现。
- 基于这些被识别的经验表现，提出一个由一系列部件（参与活动的实体）构成的貌似合理的因果机制。
- 这些部件是不是该机制个别非充分但必要的部件？
- 是否有多余的部件？
- 所有确定的部件是不是系统性的？
- 理论化的因果机制可以在后续经验研究中被检验吗？

A.4 解释结果型过程追踪清单

A.4.1 个案选择

解释结果型过程追踪的目的不同于其他两种变体。在解释结果型过程追踪中，我们试图针对为什么在具体个案中会产生某一结果提出最低限度的充分解释。这种类型的过程追踪更倾向于以个案为中心的个案研究，对特定个案感兴趣，而不是以理论为中心努力推向更宽泛的总体。

- 选择实质上和/或理论上有有趣结果的个案。

A.4.2 因果机制的概念化

解释结果型过程追踪是一种迭代研究策略，旨在追踪产生问题结果的系统性的和就事论事的因果机制的复杂合成体。该解释不能脱离特定个案。理论化的机制被视为启发式工具,其功能是帮助构建特定结果的最佳解释。

我们在构建对结果的最佳解释时可以分解选择两个替代路径,即演绎的和归纳的路径。

A.4.3 演绎路径

- 如果选择演绎路径,请遵循先前给出的理论检验指导方针。
- 被检验的机制是否对结果提供了充分的解释? 如果不是,则可以使用其他竞争性解释的二次演绎分析来重复这一过程,或者进行归纳分析。

A.4.4 归纳路径

- 当我们正在研究一个极少被研究的现象时,或者当现有的解释显然不能解释该结果时。
- 以更类似于历史方法论或经典侦探工作的方式进行,通过筛选证据从结果中回溯,试图发现产生结果的貌似合理的充分因果机制。通常在解释中涉及纳入非系统性机制。
- 被检验的机制是否对结果提供了充分解释? 如果没有,重复该过程。

A.4.5 评估我们的解释是否已达到"最低限度的充分性"

- 我们是否解释了结果中最重要的方面?
- 如果没有,我们能否构建一个综合的折中理论来更好地说明结果?
- 如果能,则应按照前面的理论检验指导方针对综合理论进行检验。
- 如果不能,我们是否需要在解释中纳入非系统性机制? 这样做之后,综合解释应该使用前面的指导方针来检验。

术语对照表

abduction 溯因法：一种将演绎法与归纳法辩证结合起来的方法或研究路径（参见 Peirce 1955）。

account evidence 记述证据：一种以描述事件或事物的陈述或叙事方式呈现的证据。常见的记述证据来源包括参与式访谈和文件记录（例如会议纪要）。

accuracy of observation 观察结果的准确性：我们是否测量到了我们打算测量的对象。不准确的测量是我们用以收集观察结果的测量手段中含有非系统性错误或系统性错误的产物。非系统性错误（或随机错误）通常被称为"可靠性"（信度），而系统性错误被定义为我们测量手段的"偏差"。贝叶斯式术语中所言的准确性可以用我们对某一测量是准确的信心程度或概率来代表，记作 p(a)。

activity 活动：因果机制的一部分。一个因果机制的每一部件由那些参与通过因果机制传递因果力量的活动的实体构成。活动是变化的发生器，或通过某一机制传递因果力量的东西。各种活动概念化为动词，表示活动（Machamer 2004；Machamer, Darden, and Craver 2000）。注意，无活动（nonactivity）也可被概念化为一种活动。

Bayesian logic of inference 贝叶斯推断逻辑：根据研究人员对理论/假说的概率的置信度，以及在收集数据之前若理论或假说是有效的，找到给定证据的概率，来估计该理论或假说得到已发现证据支持的概率的逻辑公式。

case-centric research 以个案为中心的研究：这种研究更感兴趣的是解释某一特定个案的结果，而不是一般化地提出超越单一个案的理论主张。结果的定义是更为广泛的，包括像在古巴导弹危机等个案中发生的所有事情的重要方面。另见**系统机制**；**非系统机制**。

causal effect　因果效应：自变项取一个值时，观察结果的系统性成分，与自变项取另一个值时，可比较的观察结果的系统性成分之间的差别（King, Keohane, and Verba 1994：81—82）。

causal inference　因果推断：利用观察所得的经验材料对因果关系作出结论，可理解为规律模式（平均因果效应）或机制关系。

causal mechanism　因果机制：通过一系列各部件之间的交互作用将因果力量从 X 传递到 Y 的理论化体系。一项机制的每一部件是整项机制（合起来产生 Y）之中单独非充分但必要的因素。因果机制各部件由参与活动的实体构成。

causal process observation（CPO）因果过程观察结果：用于描述"提供有关处境、过程或机制的信息，并在因果推断中发挥独特作用的数据片段"（Seawright and Collier 2010：318）的术语。CPO 一词在某种程度上与我们使用的"证据"一词重叠。

causality in the mechanismic sense　机制意义上的因果性：只有当一项潜在的机制能够被证明是因果地连接起 X 和 Y 时，因果关系才得以确认的一种本体论的理解。对因果性的机制理解并不必然意味着有规律的联系（regular association）。

causality as regularity　作为规律性的因果性：一种因果性的本体论理解，其中因果关系被定义为 X 和 Y 之间的恒定合取（conjunction）模式。为了建立因果性，休谟认为 X 和 Y 之间的关系需要满足三个标准：（1）X 和 Y 在空间和时间上是毗连的；（2）X 发生在 Y 之前（时间相继）；（3）X 和 Y 之间存在经常性的合取（Holland 1986）。

certain prediction　确定预测：对证据的预测是明确的，在这种情况下，预测必须被观察到，否则经验性检验就否定（disconfirm）某机制的某部件存在。也称为"失验力"（disconfirmatory power）。

classical statistical method　经典统计方法：评估某一总体中 X 对 Y 的平均因果效应的方法。推断是运用传统的统计理论（例如费雪、皮尔逊）以及运用像中心极限定理（本书中称为"推断的频率论逻辑"）这样的工具作出来的。所使用的经验材料是大量的数据集观察结果。只对某一现象的总体进行跨个案推断。也称为"大样本统计方法"（large-n statistical methods）。

comparative cross-case method 比较跨个案方法：用于评估产生 Y 的必要和/或充分条件的方法。涉及运用不同的工具，比如密尔的求同法、求异法。这些方法使对个案总体的跨个案推断成为可能，尽管其总体的范围通常比大样本统计方法要窄些。

comparativist logic of elimination 比较论的消元逻辑：一种用于比较的、跨个案方法中对必要性和/或充分性进行因果推断的推断逻辑。建立在密尔的求同法和求异法基础上。用求同法来筛除可能的必要原因。即，考察 Y（例如，社会革命）的所有实例，所有个案中都未出现的可能因素作为必要条件被筛除。求异法用以检验充分因果关系，对两个或两个以上具有不同结果的个案进行比较，则在这两种结果中都出现的因素作为可能的充分条件被筛除。可以用来作强"反向"推断，但削弱"正向"推断。

content of observation 观察结果内容：在收集观察结果时，需要根据我们对个案处境的背景知识来评估它们所告诉我们的信息。这是将观察结果转化为证据的第一阶段（o＋k→e）。

context 处境：初始条件通过因果机制的作用，产生一定范围和意义的结果的环境的相关方面（Falleti and Lynch 2009：1152）。有效范围条件用以描述理论化的机制预期起作用的处境。

contextual specificity 处境特异性：一种理论或概念，其有效范围基于时间或空间维度而受到限制。通常通过将形容词引入概念和理论来表示，例如，一项"自由的"民主和平机制。

crisp-set reasoning 清晰集推理：集合论对概念的理解，一个概念被一分为二地定义为要么是概念集合的成员，要么不是。例如，一个国家可能是民主国家集合的成员，也可能不是。参见**集合论**。

cross-case inference 跨个案推断：在给定现象的总体中关于因果关系的推断。在大样本研究中，指的是平均因果效应。另见**因果效应**。

data-set observation（DSO）数据集观察结果：在矩形数据集的一行中，某一给定个案的依变项及其所有自变项的全部分值（Collier, Brady, and Seawright 2010b：184）。

deductive analysis 演绎分析：在经验研究中，从基于抽象逻辑推理的理论演绎表述开始，然后进行经验性检验的过程。演绎分析最纯粹的形式体现在形式博弈论中。实际上，大多数理论表述都有归纳元素，由经验材料提供信息。

dependent variable　依变项：其值依赖于另一个变项的变项。而自变项则使依变项发生明显变化，或仅仅影响依变项。依变项也称为"结果变项"，就是研究者想要解释的对象。按我们的理解，一个依变项指的是 Y 或一个结果，这是对一个概念的系统化理解，从而可进行跨个案比较。一个特定结果则是指不能进行跨个案比较的某一结果或事件（例如，第二次世界大战的爆发）。另见**以个案为中心的研究；以理论为中心的研究**。

descriptive inference　描述推断：在观测数据基础上得出描述性结论的过程（Seawright and Collier 2010：325），即在某一个案中发生了什么。

deterministic ontology of causation　因果关系的决定论本体论：定性学者使用这个术语主要是指对必要原因和充分原因或者此类条件组合的讨论（Mahoney 2008：417）。这意味着我们要考察的并非在总体中给定的 X 是否倾向于与 Y 共变，而是 X 是不是 Y 的必要和/或充分原因（Collier，Brady，and Seawright 2004a：216；Mahoney

2008）。如果一个因素的缺失阻止了结果发生，无论其他变项的值是多少，那么这个因子就是必要的；反之，如果一个充分因素出现，则这个结果总是会发生。

deviant case　异常个案：某一个案"与一个主题（无论是一个特定的理论还是常识）的某些一般性理解相参照，展示出令人惊讶的值（结果）"（Gerring 2007a：105）。在过程追踪中，异常个案主要用于理论建构变体。一个异常个案由其与结果（如民主）的隶属关系和其与现有可能原因（X）的非隶属关系来界定。参见图 8.4。

doubly decisive test　双重决定性检验：结合高度确定性和独特性的经验检验。必须找到证据，否则我们对假说有效性的信心就会降低；同时，该检验对支持假说的证据和支持替代假说的证据有很强的辨别能力（小似然比）。

eclectic theorization　折中理论化：在一个复杂合成（complex composite）中把不同机制组合起来，以对某个特定结果作出最低限度的充分解释（参见 Sil and Katzenstein 2010）。

empirical prediction　经验预测：若一项机制的假设部件存在，则对我们应当期望看到的证据的预期。预测将因果机制的理论概念转化为该机制每个部件在特定个案中可观察的表现。在贝叶斯推断逻辑中,预测与似然比有关。经验预测包括(1)若一项因果机制的一部件存在,我们应当期待看到什么证据,(2)什么算是替代假说的证据,同时考虑(3)若预测的证据没有找到,我们可以得出什么结论,即,什么算是反面证据($\sim$e)。

entity 实体:参与通过因果机制传递因果力量的行动者(即,齿轮、轮齿和机轮)。实体可以是个人、团体、国家或结构因素,这取决于理论的层次。实体可以被概念化为名词。另见**活动**;**因果机制**。

evidence 证据:经验材料在经过内容和准确性的评估后,可以被称为"证据"。原始经验观察结果(o)经使用我们特定个案的处境知识(k)对其内容和准确性进行评估之后,我们将材料称为"证据"(o＋k→e)。有四种不同类型的证据:模式证据(pattern evidence)涉及该证据中统计模式的预测。次序证据(sequence evidence)处理事件的时间和空间先后次序,是由一个假设的因果机制来预测的。痕迹证据(trace evidence)是指其仅仅存在就能证明假设机制的一部分存在的证据。最后,记述证据(account evidence)处理经验材料的内容,比如详细记录会议讨论内容的会议记录,或关于会议上发生了什么的口头说明。

explaining-outcome process-tracing 解释结果型过程追踪:试图发现某一特定结果的原因的单一个案研究。目标是构造一个最低限度的充分解释,充分性定义为一个解释说明了结果的所有重要方面,不存在冗余部分,它与两种以理论为中心的过程追踪变体有显著区别。

frequentist logic of inference 频率论推断逻辑:评估 X 之于 Y 的因果效应的大小,或总体中 X 的出现提升 Y 的概率的程度。运用经典统计理论进行跨个案因果推断。另见**经典统计方法**。

fuzzy set 模糊集(弗晰集):一种理论概念的集合论概念化方式,其中一个概念集合的隶属度是根据种类和程度的差异来定义的。一个分明(清晰)的定性阈值标志着概念集合中隶属关系和非隶属关系之间的区别。程度上的差异从完全在集合内到集合内部分多于集合外部分。另见**集合论**。

hoop test 环箍检验:涉及确定但非独特的预测;这种检验的

失败（发现～e）降低了我们对假说的信心，但发现 e 并不能作出推断。在实践中，环箍检验经常被用来排除替代假说。

independent variable　自变项：一个自变项被理论化来影响或决定一个依变项。也称为"解释变项"（explanatory variable）。

induction　归纳法：观察结果是就一种特定现象观察所得，然后发展出一种简化的因果解释以抓住一种更为普遍的社会现象的本质。

inference　推断：运用数据对概念和假说得出更广泛结论的过程。

inferential leap　推断跳跃：当我们被迫从少量经验观察结果中推断出某一理论是该现象的原因时，会从我们可以从经验上观察到的东西中推断出一个潜在的因果解释存在，从而作出推断跳跃。

inferential weight　推断权重：证据概率的函数［p(e)］。并非所有的证据都是平等的。如果发现更多惊人的证据，我们对假说的信心会比发现较少惊人的证据更大。

intervening variable　干预变项：有着因果联系地介于给定的自变项和被解释的结果之间的变项（Seawright and Collier 2010：334）。干预变项和机制之间的区别是，(1)变项可以依定义而变化，而机制是不变的；(2)变项具有理论化意义上相互独立的存在性，而机制是其每个部件对外在于机制运作的 Y 没有独立因果影响的系统。

INUS：一个"非必要但充分条件的不充分但必要的部分"（Mackie 1965）。

least-likely case　最不可能个案：我们最不应当期望假设的因果机制出现的个案；X 和 Y 出现（但在使用模糊集评分时程度较低，如图 8.3 中个案 4 所示），且有效范围条件使我们预测该机制可能只不过出现而已。

likelihood ratio　似然比：似然比由 p(e|～h) 除以 p(e|h) 构成。似然比是替代假说（～h）不成立时，发现预测证据（e）的概率［p(e|～h)］，与假说成立时发现证据的概率［p(e|h)］之比。该比率捕捉了经验检验区分支持 h 和～h 的预测证据的能力。如果 h 预测 e，e 的出现会依据似然比的大小提高我们对 h 有效性的置信度。当 p(e|h) 高且 p(e|～h) 低时，发现 e 使置信度大大增加。虽然这个比例将～h 描述为单一替代假说，但它可以被定义为 h 的任何合理的替代假说。另见**贝叶斯推断逻辑；证据**。

macrolevel mechanism　宏观层机制：不能还原为个体行动的机制理论。索耶（Sawyer 2004）用"涌现"（emergence）这个术语捕捉到了这一特性，意味着宏观层面的机制自有其存在性，并且具有不能被还原到微观层面的特性。宏观层机制的一个例子是结构现实主义国际关系理论中的均势机制（Waltz 1979）。

microlevel mechanism　微观层机制：关系到个体的利益和利益信念如何影响他们的行动以及个体如何相互影响。微观层面理论化的一个例子是科尔曼（Coleman 1990）的社会行动理论。

minimal sufficiency　最小充分性：充分性被定义为一种机制出现则 X 总是产生 Y 的局面。最小充分解释是该解释中不存在冗余因素的理论（Mackie 1965）。当可以证实结果中没有任何重要方面是解释所不能说明之时，即确认了充分性。

most-likely case　最可能个案：给定 X 和 Y 具有较高的模糊集评分，且使该机制起作用的有效范围条件非常有利，则我们最可能期望一个假设的因果机制在其中呈现的个案。使用模糊集评分，X 和 Y 的隶属度评分都很高（图 8.3 中的个案 6）。

narrative　叙事：一种在一致法中使用的工具，用于组织对单一个案的历史过程中 X 和 Y 之间的相关性作时间分析。

necessary condition　必要条件：不管其他变项的值是多少，若某一因素的缺失阻止了结果的出现，则它就是必要的。

nested analysis　嵌套分析：将不同的研究方法结合起来分析同一个研究问题。当我们希望个案研究有助于更广泛地了解因果关系时，常常使用嵌套分析。

nonsystematic mechanism　非系统机制：针对特定个案的机制，有助于解释特定个案中的 Y，但在所有个案总体中没有因果效应。

observations　观察结果：在评估其内容和准确性（即，测量误差的程度）之前已收集到但未加工的原数据。在评估其内容和准确性后，我们将观察结果作为"证据"（o＋k→e）。另见**经验预测**；**证据**。

pattern evidence　模式证据：证据中统计模式的预测。例如，在一个关于就业的个案中检验种族歧视机制时，就业的统计模式将与检验该机制的各个部件相干。

population level　总体层次：推断针对的个案全域（Gerring

2007a：216）。

posterior probability　后验概率：在贝叶斯推断逻辑中，定义为收集和评价证据后，我们对假说有效性的信心。后验是说根据正在收集的新经验证据而更新。更新后验的能力取决于似然比的值和证据的概率。另见**贝叶斯推断逻辑**。

prior probability　先验概率：在根据现有的理论化成果、经验研究和其他形式的专家知识收集证据之前，研究人员对假说有效性的置信度。另见**贝叶斯推断逻辑**。

probabilistic ontology of causality 因果性的概率论本体论：概率论因果性是指研究者相信我们正在对付的世界之中存在随机（random；stochastic）特性，经常被用误差项来进行建模（参见 King, Keohane, and Verba 1994：89 n.11）。这种随机性既可以是固有随机性的产物，也可以是复杂性的产物。

probability of evidence［p(e)］证据概率：在贝叶斯推断逻辑中，证据越不可能，我们更新某一理论化机制有效性后验概率置信度的能力就越强。如果 p(e)非常低，即使是一项证据也足以显著地更新我们对假说有效性的信心。

regression analysis　回归分析：相关分析的扩展，使用一个或多个自变项的数据来预测一个依变项的值。这些分析模型可以是线性的，也可以是非线性的（如逻辑回归模型），用以描述两个或多个变项之间关系的形式，例如，使用最小二乘法来描述一个关系。

scope condition　有效范围条件：预期有效/切实的某一给定理论中的参数（Falleti and Lynch 2009；H.A.Walker and Cohen 1985）。在过程追踪中，"有效范围条件"指将能被激活的特定机制理论化的处境。

sequence evidence　次序证据：由假设的因果机制所预测的事件在时间上和空间上的先后次序。

set theory　集合论：处理概念间集合关系的理论论点。例如，可以将概念 X 理论化为 Y 的子集：发达国家（X）都是民主国家（Y）。概念可以用成员/非成员加以界定。集合论关系是不对称的，即两个概念（民主与和平）之间的集合关系不一定与这两个概念非成员（不民主与战争）之间的关系相关。

situational mechanism　情境机制：宏观与微观层面的联系。情境机制描述社会结构如何约束个体的行动，以及文化环境如何塑造他们的欲望和信念（Hedström and Swedberg 1998）。宏观-微观层面机制的例子包括行动者服从规范、规范内嵌于宏观层面的建构主义理论。

smoking gun test　枪口冒青烟（确凿证据）检验：一种非常独特的检验，但其预测的确定性很低或没有确定性。在这里，检验通过意味着强烈确证了一个假说，但检验失败并不会强烈破坏它。用贝叶斯术语表示，似然比很小，在给定 h 的情况下发现 e 的概率非常高，而 ~h 的概率非常低，因此当我们发现 e 时，极大地增加了我们对 h 有效性的信心。

straw-in-the-wind test　稻草随风倒检验：具有低水平独特性和低水平确定性的经验预测。无论我们发现 e 还是 ~e，这些检验类型对更新我们对某一假说的信心几乎没有作用，因为通过检验和检验失败对我们来说几乎都没有任何推断上的相干性。

sufficient condition　充分条件：充分性被定义为机制出现则 X 总是产生 Y 的局面。在解释结果型过程追踪中，目的是在不存在冗余因素的情况下，得到一个最小充分的解释（Mackie 1965）。另见**最小充分性**。

systematic mechanism　系统机制：机制被理论化为在整个现象总体中有因果效应，而不是只局限于对特定个案如此。相反，非系统机制被理论化为只有针对特定个案的因果影响。

theory-building process-tracing　理论建构型过程追踪：理论建构型过程追踪始于经验材料，通过对材料的结构化分析导出一个合理的假设因果机制将 X 与 Y 连接起来。可应用于两种不同的研究情形：（1）当我们知道 X 和 Y 之间存在相关关系，但由于没有理论指引，我们对连接两者的可能机制还两眼一抹黑（X - Y 为中心的理论建构）；（2）当我们知道结果（Y）但不确定原因（X）时（Y 为中心的理论建构）。在后一种情形中，分析首先从 Y 回溯到隐藏一个讲得通的 X，将研究变成 X - Y 为中心的分析。

theory-centric research　以理论为中心的研究：旨在发现和检验适用于更广泛的现象总体范围的理论命题。包括过程追踪的理论建构型和理论检验型变体。

theory-testing process-tracing　理论检验型过程追踪：在理论检验型过程追踪中，我们既知

道 X 也知道 Y，并且我们要么对合理的机制已有现成猜想，要么能够使用逻辑推理。然后，我们从现有的理论化成果中勾勒一个因果机制。目标是检验某一个案之中是否出现了理论化的机制，以及该机制是否如预期的那样起作用。

trace evidence　痕迹证据：仅其存在就能证明假设的机制的一部分存在的证据。例如，正式会议纪要的存在（如系正本）就提供了强有力的证据证明会开了。

transformational mechanism　转型机制：个体通过其行动和互动，在宏观层面产生各种预期的和非预期的社会结果的过程。这种微观-宏观层面机制的一个例子是社会化过程，其间行动者通过他们的互动在宏观层面创造新的规范。

typical case　典型个案：某一个案中假设存在给定的因果机制（X 和 Y 出现），但它既非最可能个案，也非最不可能个案。

unique prediction　独特预测：不与其他理论重叠的经验预测表述。独特性对应贝叶斯似然比，提出的预测应使 $p(e|h)/p(e|\sim h)$ 的值最大化。如果发现了，独特预测提供机制假设的某一部件存在的强有力的确认；但如果没有发现，它对更新我们的信心影响不大。

variable　变项：一组单位上的值发生变化的任何东西。变项值可以变化，并且变项之间相互独立，因为每个变项实际上都是一个自包含的分析单元。方差意味着利用了对因果关系的概率论理解，这在我们进行单一个案研究时几乎没有意义。干预变项的使用通常会导致忽略变项之间的联系。

within-case inference　个案内推断：根据所观察到的经验材料，对某一个案中某一因果机制的各部件和整体的出现或不出现所作的因果推断。可以用贝叶斯推断逻辑进行个案内推断。

参考文献

Abbott, Andrew. 1997. Of Time and Space: The Contemporary Relevance of the Chicago School. *Social Forces* 75(4):1149—1182.

Adcock, Robert, and David Collier. 2001. Measurement Validity: A Shared Standard for Qualitative and Quantitative Research. *American Political Science Review* 95(3):529—546.

Allison, Graham. 1971. *Essence of Decision: Explaining the Cuban Missile Crisis*. Boston: Little, Brown.

Allison, Graham, and Phillip Zelikow. 1999. *Essence of Decision: Explaining the Cuban Missile Crisis*. 2nd ed. New York: Longman.

Bates, Robert, Avner Greif, Margaret Levi, Jean-Laurent Rosenthal, and Barry R.Weingast. 1998. *Analytic Narratives*. Princeton: Princeton University Press.

BBC. 1987. *Yes, Prime Minister*. Series 2, Episode 2, "Official Secrets."

Beck, Nathaniel. 2006. Is Causal-Process Observation an Oxymoron? *Political Analysis* 14(2):347—352.

Bendor, Jonathan, A.Glazer, and Thomas H.Hammond. 2001. Theories of Delegation. *Annual Review of Political Science* 4:235—269.

Bendor, Jonathan, and Thomas H.Hammond. 1992. Rethinking Allison's Models. *American Political Science Review* 86(2):301—322.

Bennett, Andrew. 2004. Case Study Methods: Design Use and Comparative Advantages. In *Models, Numbers, and Cases: Methods for Studying International Relations*, ed. Detlef F.Sprinz and Yael Wolinsky-Nahmias, 19—55. Ann Arbor: University of Michigan Press.

Bennett, Andrew. 2005. The Guns That Didn't Smoke: Ideas and the Soviet Non-Use of Force in 1989. *Journal of Cold War Studies* 7(2):81—109.

Bennett, Andrew. 2006. Stirring the Frequentist Pot with a Dash of Bayes. *Political Analysis* 14(2):339—344.

Bennett, Andrew. 2008a. Process-Tracing: A Bayesian Perspective. In *The Oxford Handbook of Political Methodology*, ed. Janet M. Box-Steffensmeier, Henry E. Brady, and David Collier, 702—721. Oxford: Oxford University Press.

Bennett, Andrew. 2008b. The Mother of All "Isms": Organizing Political Science around Causal Mechanisms. In *Revitalizing Causality: Realism about Causality in Philosophy and Social Science*, ed. Ruth Groff, 205—219. London: Routledge.

Bennett, Andrew. 2010. Process Tracing and Causal Inference. In *Rethinking Social Inquiry: Diverse Tools, Shared Standards*, 2nd ed., ed. Henry E. Brady and David Collier, 207—220. Lanham, MD: Rowman and Littlefield.

Bennett, Andrew, and Colin Elman. 2006a. Complex Causal Relations and Case Study Methods: The Example of Path Dependency. *Political Analysis* 14(2):250—267.

Bennett, Andrew, and Colin Elman. 2006b. Qualitative Research: Recent Developments in Case Study Methods. *Annual Review of Political Science* 9: 455—476.

Bhaskar, Roy. 1978. *A Realist Theory of Science*. Brighton: Harvester.

Blatter, Joachim, and Till Blume. 2008. In Search of Co-Variance, Causal Mechanisms, or Congruence? Towards a Plural Understanding of Case Studies. *Swiss Political Science Review* 14(2):315—356.

Blatter, Joakim, and Markus Haverland. 2012. *Designing Case Studies: Explanatory Approaches to Small-N Research*. Basingstoke: Palgrave Macmillan.

Bogen, Jim. 2005. Regularities and Causality: Generalizations and Causal Explanations. *Studies in History and Philosophy of Biological and Biomedical Sciences* 36:397—420.

Bouchard, Thomas J., Jr. 2004. Genetic Influence on Human Psychological Traits: A Survey. *Current Directions in Psychological Science* 13(4):148—151.

Brady, Henry E. 2008. Causation and Explanation in Social Science. In *The Oxford Handbook of Political Methodology*, ed. Janet M. Box-Steffensmeier, Henry E. Brady, and David Collier, 217—270. Oxford: Oxford University Press.

Brady, Henry E., and David Collier, eds. 2004. *Rethinking Social Inquiry: Diverse Tools, Shared Standards*. 2nd ed. Lanham, MD: Rowman and Littlefield.

Brady, Henry E., David Collier, and Jason Seawright. 2006. Towards a Pluralistic Vision of Methodology. *Political Analysis* 14(2):353—368.

Braumoeller, Bear F., and Gary Goertz. 2000. The Methodology of Necessary Conditions. *American Journal of Political Science* 44(4):844—858.

Brooks, Stephen G., and William C. Wohlforth. 2000—2001. Power, Globalization, and the End of the Cold War. *International Security* 25(3):5—53.

Buckley, Jack. 2004. Simple Bayesian Inference for Qualitative Political Research. *Political Analysis* 12(4):386—399.

Bullock, Alan. 1991. *Hitler and Stalin: Parallel Lives*. London: Harper Collins.

Bunge, Mario. 1997. Mechanism and Explanation. *Philosophy of the Social Sciences* 27(4):410—465.

Bunge, Mario. 2004. How Does It Work? The Search for Explanatory Mechanisms. *Philosophy of the Social Sciences* 34(2):182—210.

Burkhart, Ross E., and Michael S. Lewis-Beck. 1994. Comparative Democracy: The Economic Development Thesis. *American Political Science Review* 88(4):903—910.

Büthe, Tim. 2002. Taking Temporality Seriously: Modeling History and the Use of Narratives as Evidence. *American Political Science Review* 96(3): 481—494.

Caldwell, Dan. 1977. Bureaucratic Foreign Policy-Making. *American Behavioral Scientist* 21(1):87—110.

Campbell, John L. 2005. *Institutional Change and Globalization*. Princeton: Princeton University Press.

Carr, Edward Hallett. 1961. *What Is History?* London, Penguin.

Casillas, Christopher J., Peter K. Enns, and Patrick C. Wohlfarth. 2009. How Public Opinion Constrains the U.S. Supreme Court. *American Journal of Political Science* 55(1):74—88.

Chalmers, A.F. 1999. *What Is This Thing Called Science?* Buckingham: Open University Press.

Checkel, Jeffrey T. 2005. International Institutions and Socialization in Europe: Introduction and Framework. *International Organization* 59(4):801—826.

Checkel, Jeffrey T. 2008. Tracing Causal Mechanisms. *International Studies Review* 8(2):362—370.

Checkel, Jeffrey T. 2012. Theoretical Synthesis in IR: Possibilities and Limits. In *Sage Handbook of International Relations*, 2nd ed., ed. Walter Carlsnaes, Thomas Risse, and Beth Simmons. London: Sage.

Christiansen, Thomas, and Knud Erik Jørgensen. 1999. The Amsterdam

Process: A Structurationist Perspective on EU Treaty Reform. *European Integration online Papers* (EIoP) 3(1). http://eiop.or.at/eiop/texte/1999-1a.htm.

Christiansen, Thomas, and Christine Reh. 2009. *Constitutionalizing the European Union*. Basingstoke: Palgrave Macmillan.

Clifford, J.Garry. 1990. Bureaucratic Politics. *Journal of American History* 77(1):161—168.

Coleman, James. 1990. *Foundations of Social Theory*. Cambridge: Harvard University Press.

Collier, David. 1993. The Comparative Method. In *Political Science: The State of the Discipline II*, ed. Ada W.Finifter, 105—119. Washington, DC: American Political Science Association.

Collier, David. 1995. Translating Quantitative Methods for Qualitative Researchers: The Case of Selection Bias. *American Political Science Review* 89(2): 461—466.

Collier, David, Henry E.Brady, and Jason Seawright. 2010a. Critiques, Responses, and Trade-Offs: Drawing Together the Debate. In *Rethinking Social Inquiry: Diverse Tools, Shared Standards*, 2nd ed., ed. Henry E.Brady and David Collier, 135—160. Lanham, MD: Rowman and Littlefield.

Collier, David, Henry E.Brady, and Jason Seawright. 2010b. Sources of Leverage in Causal Inference: Toward an Alternative View of Methodology. In *Rethinking Social Inquiry: Diverse Tools, Shared Standards*, 2nd ed., ed. Henry E.Brady and David Collier, 161—200. Lanham, MD: Rowman and Littlefield.

Collier, David, and Steven Levitsky. 1997. Democracy with Adjectives: Conceptual Innovation in Comparative Research. *World Politics* 49(3):430—451.

Collier, David, and James Mahoney. 1996. Research Note: Insights and Pitfalls: Selection Bias in Qualitative Research. *World Politics* 49(1):56—91.

Day, Timothy, and Harold Kincaid. 1994. Putting Inference to the Best Explanation in Its Place. *Synthese* 98(2):271—295.

Dion, Douglas. 1998. Evidence and Inference in the Comparative Case Study. *Comparative Politics* 30(1):127—145.

Doyle, A.Conan. 1892. *The Adventures of Sherlock Holmes*. London: Newnes.

Doyle, A.Conan. 1975. *The Memoirs of Sherlock Holmes*. London: Newnes.

Doyle, A. Conan. 2010. A Study in Scarlet. In *The Complete Sherlock Holmes: All 4 Novels and 56 Short Stories*, 1—51. New York: Doubleday.

Doyle, Michael. 1983. Kant, Liberal Legacies, and Foreign Affairs. *Philosophy and Public Affairs* 12(3):205—235.

Doyle, Michael. 1986. Liberalism and World Politics. *American Political Science Review* 80(4):1151—1169.

Dunleavy, Patrick. 1991. Democracy, Bureaucracy, and Public Choice. London: Harvester Wheatsheaf.

Dyson, Kenneth, and Kevin Featherstone. 1999. *The Road to Maastricht: Negotiating Economic and Monetary Union*. Oxford: Oxford University Press.

Eckstein, Harry. 1975. Case Study and Theory in Political Science. In *Strategies of Inquiry*, ed. Fred I. Greenstein and Nelson W. Polsby, 79—138. Reading, MA: Addison-Wesley.

Elman, Colin. 2004. Extending Offensive Realism: The Louisiana Purchase and America's Rise to Regional Hegemony. *American Political Science Review* 98(4):563—576.

Elman, Colin, and Miriam Fendius Elman. 2001. Introduction: Negotiating International History and Politics. In *Bridges and Boundaries: Historians, Political Scientists, and the Study of International Relations*, ed. Colin Elman and Miriam Fendius Elman, 1—36. Cambridge: MIT Press.

Elster, Jon. 1983. *Explaining Technical Change: A Case Study in the Philosophy of Science*. Cambridge: Cambridge University Press.

Elster, Jon. 1998. A Plea for Mechanisms. In *Social Mechanisms*, ed. P. Hedström and R.Swedberg, 45—73. Cambridge: Cambridge University Press.

English, Robert D. 1997. Sources, Methods, and Competing Perspectives on the End of the Cold War. *Diplomatic History* 21(2):283—294.

Erslev, K.R. 1963. *Historisk Teknik: Den Historiske Undersøgelse Fremstillet I sine Grundlier*. Copenhagen: Gyldendalske Boghandel.

Epstein, David, and Sharyn O'Halloran. 1994. Administrative Procedures, Information, and Agency Discretion. *American Journal of Political Science* 38(3):697—722.

Evans, Peter. 1995. The Role of Theory in Comparative Politics. *World Politics* 48(1):3—10.

Falleti, Tulia G., and Julia F.Lynch. 2009. Context and Causal Mechanisms in Political Analysis. *Comparative Political Studies* 42(9):1143—1166.

Farber, Henry S., and Joanne Gowa. 1997. Common Interests or Common

Polities? Reinterpreting the Democratic Peace. *Journal of Politics* 59（2）：393—417.

Finkel, Steven E., Aníbal S. Pérez-Liñan, and Mitchell A. Seligson. 2007. The Effects of U. S. Foreign Assistance on Democracy Building, 1990—2003. *World Politics* 59(3):404—440.

Fischer, David Hackett. 1970. *Historians' Fallacies: Toward a Logic of Historical Thought*. New York: Harper Perennial.

Ford, Harold P. 1998. *CIA and the Vietnam Policymakers: Three Episodes, 1962—1968*. Washington DC: Center for the Study of Intelligence.

Freedman, David A. 1991. Statistical Models and Shoe Leather. *Sociological Methodology* 21:291—313.

Freedman, David A. 2011. On Types of Scientific Inquiry: The Role of Qualitative Reasoning. In *Rethinking Social Inquiry: Diverse Tools, Shared Standards*, 2nd ed., ed. Henry E. Brady and David Collier, 221—236. Lanham, MD: Rowman and Littlefield.

Friedrichs, Jörg, and Friedrich Kratochwill. 2009. On Acting and Knowing: How Pragmatism Can Advance International Relations Theory and Methodology. *International Organization* 63(4):701—731.

Gaddis, John Lewis. 1972. *The United States and the Origins of the Cold War*. Ithaca: Cornell University Press.

Gaddis, John Lewis. 1992—1993. International Relations Theory and the End of the Cold War. *International Security* 17(3):5—58.

George, Alexander L., and Andrew Bennett. 2005. *Case Studies and Theory Development in the Social Sciences*. Cambridge: MIT Press.

Gerring, John. 2005. Causation: A Unified Framework for the Social Sciences. *Journal of Theoretical Politics* 17(2):163—198.

Gerring, John. 2006. Single-Outcome Studies: A Methodological Primer. *International Sociology* 21(5):707—734.

Gerring, John. 2007a. *Case Study Research*. Cambridge: Cambridge University Press.

Gerring, John. 2007b. The Mechanismic Worldview: Thinking inside the Box. *British Journal of Political Science* 38(1):161—179.

Gerring, John. 2010. Causal Mechanisms: Yes But ... *Comparative Political Studies* 43(11):1499—1526.

Gheciu, Alexandra. 2005. Security Institutions as Agents of Socialization? NATO and the "New Europe." *International Organization* 59(4):973—1012.

Gill, Christopher, Lora Sabin, and Christopher Schmid. 2005. Why Clinicians Are Natural Bayesians. *British Medical Journal* 330(7499):1080—1083.

Gill, Jeff, and Lee D. Walker. 2005. Elicited Priors for Bayesian Model Specifications in Political Science Research. *Journal of Politics* 67(3):841—872.

Gilpin, Robert. 1981. *War and Change in World Politics.* Cambridge: Cambridge University Press.

Glennan, Stuart S. 1996. Mechanisms and the Nature of Causation. *Erkenntnis* 44(1):49—71.

Glennan, Stuart S. 2002. Rethinking Mechanistic Explanation. *Philosophy of Science* 69:342—353.

Glennan, Stuart S. 2005. Modeling Mechanisms. *Studies in History and Philosophy of Biological and Biomedical Sciences* 36(2):443—464.

Goertz, Gary. 2003. The Substantive Importance of Necessary Condition Hypotheses. In *Necessary Conditions: Theory, Methodology, and Applications*, ed. G.Goertz and H.Starr, 65—94. Lanham, MD: Rowman and Littlefield.

Goertz, Gary. 2006. *Social Science Concepts: A User's Guide*. Princeton: Princeton University Press.

Goertz, Gary, and H. Starr, eds. 2003. *Necessary Conditions: Theory, Methodology, and Applications*. Lanham, MD: Rowman and Littlefield.

Good, L.J. 1991. Weight of Evidence and the Bayesian Likelihood Ratio. In *Use of Statistics in Forensic Science*, ed. C.G. Aitken and D.A.Stoney, 85—106. London: CRC.

Goodin, Robert E., and Charles Tilly, eds. 2006. *The Oxford Handbook of Contextual Political Analysis*. Oxford: Oxford University Press.

Gross, Neil. 2009. A Pragmatist Theory of Social Mechanisms. *American Sociological Review* 74(3):358—379.

Hall, Peter A. 2003. Aligning Ontology and Methodology in Comparative Politics. In *Comparative Historical Analysis in the Social Sciences*, ed. James Mahoney and Dietrich Rueschemeyer, 373—406. Cambridge: Cambridge University Press.

Hall, Peter A. 2008. Systematic Process Analysis: When and How to Use It. *European Political Science* 7(3):304—317.

Haworth, Claire M., M.J.Wright, M.Luciano, N.G.Martin, E.J.de Geus, C.E. van Beijsterveldt, M. Bartels, D. Posthuma, D. I. Boomsma, O. S. Davis, Y.Kovas, R.P.Corley, J.C.DeFries, J.K.Hewitt, R.K.Olson, S.A.Rhea, S.J. Wadsworth, W.G.Iacono, M.McGue, L.A.Thompson, S.A.Hart, S.A.Petrill,

D. Lubinski, and R. Plomin. 2010. The Heritability of General Cognitive Ability Increases Linearly from Childhood to Young Adulthood. *Molecular Psychiatry* 15(11):1112—1120.

Hedström, Peter, and Richard Swedberg, eds. 1998. *Social Mechanisms: An Analytical Approach to Social Theory*. Cambridge: Cambridge University Press.

Hedström, Peter, and Petri Ylikoski. 2010. Causal Mechanisms in the Social Sciences. *Annual Review of Sociology* 36:49—67.

Hermann, Charles F., Janice Gross Stein, Bengt Sundelius, and Stephen G. Walker. 2001. Resolve, Accept, or Avoid: Effects of Group Conflict on Foreign Policy Decisions. *International Studies Review* 3(2):133—168.

Hernes, Gudmund. 1998. Real Virtuality. In *Social Mechanisms: An Analytical Approach to Social Theory*, ed. Peter Hedström and Richard Swedberg, 74—101. Cambridge: Cambridge University Press.

Herrnstein, Richard, and Charles Murray. 1994. *The Bell Curve: Intelligence and Class Structure in America*. New York: Free Press.

Hirschman, Albert. 1970. The Search for Paradigms as a Hindrance to Understanding. *World Politics* 22(3):329—343.

Holland, Paul W. 1986. Statistics and Causal Inference. *Journal of the American Statistical Association* 81(396):945—960.

Howson, Colin, and Peter Urbach. 2006. *Scientific Reasoning: The Bayesian Approach*. 3rd ed. La Salle, IL: Open Court.

Hume, David. 1975[1777]. *Enquiries Concerning Human Understanding and Concerning the Principles of Morals*. Oxford: Oxford University Press.

Humphreys, Adam R. C. 2010. The Heuristic Explanation of Explanatory Theories in International Relations. *European Journal of International Relations* 17(2):257—277.

Jackman, Simon. 2004. Bayesian Analysis for Political Research. *Annual Review of Political Science* 7:483—505.

Jackson, Patrick T. 2011. *The Conduct of Inquiry in International Relations*. London: Routledge.

Jacobs, Alan. 2004. Governing for the Long-Term: Democratic Politics and Policy Investment. Ph.D. diss., Harvard University, 2004.

Janis, Irving L. 1983. *Groupthink: Psychological Studies of Policy Decisions and Fiascoes*. Boston: Houghton Mifflin.

Jervis, Robert. 2010. *Why Intelligence Fails: Lessons from the Iranian*

Revolution and the Iraq War. Ithaca: Cornell University Press.

Jones, Christopher. 2008. Bureaucratic Politics and Organization Process Models. Paper presented at the annual meeting of the ISA, San Francisco, March 26.

Kennedy, Paul. 1988. *The Rise and Fall of Great Powers*. London: Fontana.

Khong, Yuen Foong. 1992. *Analogies at War: Korea, Munich, Dien Bien Phu, and the Vietnam Decisions of 1965*. Princeton: Princeton University Press.

Kincaid, Harold. 1996. *Philosophical Foundations of the Social Sciences*. Cambridge: Cambridge University Press.

King, Gary, Robert O.Keohane, and Sidney Verba. 1994. *Designing Social Inquiry: Scientific Inference in Qualitative Research*. Princeton: Princeton University Press.

Kiser, Edgar. 1996. The Revival of Narrative in Historical Sociology: What Rational Choice Theory Can Contribute. *Politics and Society* 24(3):249—271.

König, Thomas. 2005. Measuring and Analysing Positions on European Constitution Building. *European Union Politics* 6(3):259—267.

König, Thomas, and Jonathan B. Slapin. 2006. From Unanimity to Consensus: An Analysis of the Negotiations of the EU's Constitutional Convention. *World Politics* 58(3):413—445.

Kramer, Mark. 1990. Remembering the Cuban Missile Crisis: Should We Swallow Oral History? *International Security* 15(1):212—216.

Kuhn, Thomas. 1962. *The Structure of Scientific Revolutions*. Chicago: University of Chicago Press.

Kurki, Milja. 2008. *Causation in International Relations: Reclaiming Causal Analysis*. Cambridge: Cambridge University Press.

Lakatos, Imre. 1970. Falsification and the Methodology of Scientific Research Programs. In *Criticism and the Growth of Knowledge*, ed. Imre Lakatos and Allan Musgrave, 91—196. Cambridge: Cambridge University Press.

Larson, Deborah Welch. 2001. Sources and Methods in Cold War History: The Need for a New Theory-Based Archival Approach. In *Bridges and Boundaries: Historians, Political Scientists, and the Study of International Relations*, ed. Colin Elman and Miriam Fendius Elman, 327—350. Cambridge: MIT Press.

Layne, Christopher. 1994. Kant or Cant: The Myth of the Democratic Peace. *International Security* 19(2):5—49.

Layne, Christopher. 2006. *The Peace of Illusions: American Grand Strategy from 1940 to the Present*. Ithaca: Cornell University Press.

Lebow, Richard Ned. 2000—2001. Contingency, Catalysts, and International System Change. *Political Science Quarterly* 115(4):591—616.

Lebow, Richard Ned. 2001. Social Science and History: Ranchers versus Farmers? In *Bridges and Boundaries: Historians, Political Scientists, and the Study of International Relations*, ed. Colin Elman and Miriam Fendius Elman, 111—136. Cambridge: MIT Press.

Lehtonen, Tiia. 2008. Small States—Big Negotiations: Decision-Making Rules and Small State Influence in EU Treaty Negotiations. Ph.D. diss., European University Institute.

Levy, Jack. 2002. Qualitative Methods in International Relations. In *Evaluating Methodology in International Studies*, ed. Frank P. Harvey and Michael Brecher, 131—160. Ann Arbor: University of Michigan Press.

Lewis-Beck, Michael S., and Mary Stegmaier. 2000. Economic Determinants of Electoral Outcomes. *Annual Review of Political Science* 3:183—219.

Lieberman, Evan S. 2005. Nested Analysis as a Mixed-Method Strategy for Comparative Research. *American Political Science Review* 99(3):435—451.

Lijphart, Arend. 1968. *The Politics of Accommodation—Pluralism and Democracy in the Netherlands*. Berkeley: University of California Press.

Lijphart, Arend. 1971. Comparative Politics and the Comparative Method. *American Political Science Review* 65(3):682—693.

Little, Daniel. 1996. Causal Explanation in the Social Sciences. *Southern Journal of Philosophy* 34(S1):31—56.

Lustick, Ian S. 1996. History, Historiography, and Political Science: Multiple Historical Records and the Problem of Selection Bias. *American Political Science Review* 90(3):605—618.

Lynch, Scott M. 2005. Bayesian Statistics. In *The Encyclopedia of Social Measurement*, ed. Kimberly Kempf-Leonard, 135—144. London: Academic.

Machamer, Peter. 2004. Activities and Causation: The Metaphysics and Epistemology of Mechanisms. *International Studies in the Philosophy of Science* 18(1):27—39.

Machamer, Peter, Lindley Darden, and Carl F. Craver. 2000. Thinking about Mechanisms. *Philosophy of Science* 67(1):1—25.

Mackie, J.L. 1965. Causes and Conditions. *American Philosophical Quarterly* 2(2):245—264.

Mahoney, James. 2000. Strategies of Causal Inference in Small-N Analysis. *Sociological Methods Research* 28(4):387—424.

Mahoney, James. 2001. Beyond Correlational Analysis: Recent Innovations in Theory and Method. *Sociological Forum* 16(3):575—593.

Mahoney, James. 2004. Comparative-Historical Methodology. *Annual Review of Sociology* 30:81—101.

Mahoney, James. 2007. Qualitative Methodology and Comparative Politics. *Comparative Political Studies* 40(2):122—144.

Mahoney, James. 2008. Toward a Unified Theory of Causality. *Comparative Political Studies* 41(4—5):412—436.

Mahoney, James, and Dietrich Rueschemeyer, eds. 2003. *Comparative Historical Analysis in the Social Sciences*. Cambridge: Cambridge University Press.

Marini, Margaret Mooney, and Burton Singer. 1988. Causality in the Social Sciences. *Sociological Methodology* 18:347—409.

Marshall, Monty G., and Keith Jaggers. 2002. The POLITY IV Project: Dataset Users Manual. Available at http://www.systemicpeace.org/polity/polity4.htm.

Mayntz, Renate. 2004. Mechanisms in the Analysis of Social Macro-Phenomena. *Philosophy of the Social Sciences* 34(2):237—259.

McAdam, Doug, Sidney Tarrow, and Charles Tilly. 2001. *Dynamics of Contention*. New York: Cambridge University Press.

McAdam, Doug, Sidney Tarrow, and Charles Tilly. 2008. Methods for Measuring Mechanisms of Contention. *Qualitative Sociology* 31(4):307—331.

McKeown, Timothy J. 2004. Case Studies and the Limits of the Quantitative Worldview. In *Rethinking Social Inquiry: Diverse Tools, Shared Standards*, 2nd ed., ed. Henry E.Brady and David Collier, 139—168. Lanham, MD: Rowman and Littlefield.

Mearsheimer, John J. 2001. *The Tragedy of Great Power Politics*. New York: Norton.

Michaud, Nelson. 2002. Bureaucratic Politics and the Shaping of Policies: Can We Measure Pulling and Hauling Games? *Canadian Journal of Political Science* 35(2):269—300.

Miller, Gary, and Norman Schofield. 2008. The Transformation of the Republican and Democratic Party Coalitions in the U.S. *Perspectives on Politics* 6(3):433—450.

Milligan, John D. 1979. The Treatment of a Historical Source. *History and Theory* 18(2):177—196.

Moravcsik, Andrew. 1993. Preferences and Power in the European Community: A Liberal Intergovernmentalist Approach. *Journal of Common Market Studies* 31(4):473—524.

Moravcsik, Andrew. 1998. *The Choice for Europe*. Ithaca: Cornell University Press.

Moravcsik, Andrew. 1999. A New Statecraft? Supranational Entrepreneurs and International Cooperation. *International Organization* 53(2):267—306.

Morton, Rebecca B., and Kenneth C. Williams. 2010. *Experimental Political Science and the Study of Causality: From Nature to the Lab*. Cambridge: Cambridge University Press.

Munck, Gerardo L. 2004. Tools for Qualitative Research. In *Rethinking Social Inquiry: Diverse Tools, Shared Standards*, 2nd ed., ed. Henry E.Brady and David Collier, 105—122. Lanham, MD: Rowman and Littlefield.

Nagel, Ernest. 1961. *The Structure of Science: Problems in the Logic of Scientific Explanation*. New York: Harcourt, Brace, and World.

Nicholson, Michael. 2002. Formal Methods in International Relations. In *Evaluating Methodology in International Studies*, ed. Frank P.Harvey and Michael Brecher, 23—42. Ann Arbor: University of Michigan Press.

Oneal, John R. 1988. The Rationality of Decision Making during International Crises. *Polity* 20(4):598—622.

Oneal, John R., Bruce Russett, and Michael L.Berbaum. 2004. Causes of Peace: Democracy Interdependence and International Organizations, 1885—1992. *International Studies Quarterly* 47(3):371—393.

Owen, John M. 1994. How Liberalism Produces Democratic Peace. *International Security* 19(2):87—125.

Owen, John M. 1997. *Liberal Peace, Liberal War: American Politics and International Security*. Ithaca: Cornell University Press.

Parsons, Craig. 2007. *How to Map Arguments in Political Science*. Oxford: Oxford University Press.

Peceny, Mark, Caroline C.Beer, and Shannon Sanchez-Terry. 2002. Dictatorial Peace? *American Political Science Review* 96(1):15—26.

Peirce, C.S. 1955. *Philosophical Writings of Peirce*. Ed. J. Buchler. New York: Dover.

Peters, B.Guy. 1995. *The Politics of Bureaucracy*. 4th ed. White Plains,

NY: Longman.

Peters, B. Guy. 1998. Managing Horizontal Government: The Politics of Co-Ordination. *Public Administration* 76(2):295—311.

Pierson, Paul. 2003. Big, Slow-Moving, and ... Invisible: Macrosocial Processes in the Study of Comparative Politics. In *Comparative Historical Analysis in the Social Sciences*, ed. James Mahoney and D. Rueschemayer, 177—207. Cambridge: Cambridge University Press.

Pierson, Paul. 2004. *Politics in Time: History Institutions and Social Analysis*. Princeton: Princeton University Press.

Pollack, Mark. 2003. *The Engines of European Integration*. Oxford: Oxford University Press.

Preston, Thomas, and Paul t'Hart. 1999. Understanding and Evaluating Bureaucratic Politics: The Nexus between Political Leaders and Advisory Systems. *Political Psychology* 20(1):49—98.

Przeworski, Adam, and Henry Teune. 1970. *The Logic of Comparative Social Inquiry*. New York: Wiley.

Ragin, Charles C. 1988. *The Comparative Method: Moving beyond Qualitative and Quantitative Strategies*. Berkeley: University of California Press.

Ragin, Charles C. 2000. *Fuzzy-Set Social Science*. Chicago: University of Chicago Press.

Ragin, Charles C. 2008. *Redesigning Social Inquiry: Fuzzy Sets and Beyond*. Chicago: University of Chicago Press.

Reskin, Barbara F. 2003. Including Mechanisms in Our Models of Ascriptive Inequality. *American Sociological Review* 68(1):1—21.

Rihoux, Benoît. 2006. Qualitative Comparative Analysis (QCA) and Related Systematic Comparative Methods. *International Sociology* 21(5):679—706.

Roberts, Clayton. 1996. *The Logic of Historical Explanation*. University Park: Pennsylvania State University Press.

Rohlfing, Ingo. 2008. What You See and What You Get: Pitfalls and Principles of Nested Analysis in Comparative Research. *Comparative Political Studies* 41(11):1492—1514.

Rosati, Jerel A. 1981. Developing a Systematic Decision-Making Perspective: Bureaucratic Politics in Perspective. *World Politics* 33(2):234—252.

Rosato, Sebastian. 2003. The Flawed Logic of Democratic Peace Theory. *American Political Science Review* 97(4):585—602.

Rubach, Timothy J. 2010. "Let Me Tell the Story Straight On": *Middlemarch*, Process-Tracing Methods, and the Politics of the Narrative. *British Journal of Politics and International Relations* 12(4):477—497.

Rueschemeyer, Dietrich. 2003. Can One or a Few Cases Yield Theoretical Gains? In *Comparative Historical Analysis in the Social Sciences*, ed. James Mahoney and D. Rueschemeyer, 305—337. Cambridge: Cambridge University Press.

Russett, Bruce, and Steve Oneal. 2001. *Triangulating Peace: Democracy, Interdependence, and International Organizations*. New York: Norton.

Salmon, Wesley. 1998. *Causality and Explanation*. Oxford: Oxford University Press.

Sanday, Peggy Reeves. 1981. *Female Power and Male Dominance: On the Origins of Sexual Inequality*. Cambridge: Cambridge University Press.

Sartori, Giovanni. 1970. Concept Misformation in Comparative Politics. *American Political Science Review* 64(4):1033—1053.

Sawyer, R.Keith. 2004. The Mechanisms of Emergence. *Philosophy of the Social Sciences* 34(2):260—282.

Schimmelfennig, Frank. 2001. The Community Trap: Liberal Norms, Rhetorical Action, and the Eastern Enlargement of the European Union. *International Organization* 55(1):47—80.

Schroeder, Paul. 1994. Historical Reality vs. Neo-Realist Theory. *International Security* 19(1):108—148.

Schultz, Kenneth A. 2001. *Democracy and Coercive Diplomacy*. Cambridge: Cambridge University Press.

Seawright, Jason. 2002. Testing for Necessary and/or Sufficient Causation: Which Cases Are Relevant? *Political Analysis* 10(2):178—193.

Seawright, Jason, and David Collier. 2010. Glossary. In *Rethinking Social Inquiry: Diverse Tools, Shared Standards*, 2nd ed., ed. Henry E. Brady and David Collier, 313—360. Lanham, MD: Rowman and Littlefield.

Sil, Rudra, and Peter J.Katzenstein. 2010. *Beyond Paradigms: Analytical Eclecticism in the Study of World Politics*. Basingstoke: Palgrave Macmillan.

Skocpol, Theda. 1979. *States and Social Revolutions: A Comparative Analysis of France, Russia, and China*. Cambridge: Cambridge University Press.

Steel, Daniel. 2004. Social Mechanisms and Causal Inference. *Philosophy of the Social Sciences* 34(1):55—78.

Stinchcombe, Arthur L. 1991. The Conditions of Fruitfulness of Theorizing about Mechanisms in Social Science. *Philosophy of the Social Sciences* 21(3): 367—388.

Streek, Wolfgang, and Kathleen Thelen, eds. 2005. *Beyond Continuity: Institutional Change in Advanced Political Economies*. Oxford: Oxford University Press.

Strøm, Kaare. 2000. Delegation and Accountability in Parliamentary Democracies. *European Journal of Political Research* 37(3):261—289.

Tallberg, Jonas. 2006. *Leadership and Negotiation in the European Union: The Power of the Presidency*. Cambridge: Cambridge University Press.

Tannenwald, Nina. 1999. The Nuclear Taboo: The United States and the Normative Basis of Nuclear Non-Use. *International Organization* 53(3): 433—468.

Tannenwald, Nina. 2005. Ideas and Explanations: Advancing the Theoretical Agenda. *Journal of Cold War Studies* 7(2):13—42.

Tansey, Oisin. 2007. Process Tracing and Elite Interviewing: A Case for Non-Probability Sampling. *PS: Political Science and Politics* 40(4):765—772.

Thies, Cameron G. 2002. A Pragmatic Guide to Qualitative Historical Analysis and the Study of International Relations. *International Studies Perspectives* 3(4):351—372.

Tilly, Charles. 1995. To Explain Political Processes. *American Journal of Sociology* 100(6):1594—1610.

Tilly, Charles. 2004. Social Boundary Mechanisms. *Philosophy of the Social Sciences* 34(2):211—236.

Trachtenberg, Marc. 2006. *The Craft of International History*. Princeton: Princeton University Press.

Van Evera, Stephen. 1997. *Guide to Methods for Students of Political Science*. Ithaca: Cornell University Press.

Waldner, David. 1999. *State Building and Late Development*. Ithaca: Cornell University Press.

Waldner, David. 2007. Transforming Inferences into Explanations: Lessons from the Study of Mass Extinctions. In *Theory and Evidence in Comparative Politics and International Relations*, ed. Richard Ned Lebow and Mark Lichbach, 145—176. New York: Palgrave Macmillan.

Waldner, David. 2010. What Are Mechanisms and What Are They Good For? *QMMR Newsletter* 8(2):30—34.

Waldner, David. 2012. Process Tracing and Causal Mechanisms. In *The Oxford Handbook of the Philosophy of Social Science*, ed. H. Kincaid, 65—84. Oxford: Oxford University Press.

Walker, Henry A., and Bernard P. Cohen. 1985. Scope Statements: Imperatives for Evaluating Theory. *American Sociological Review* 50(3):288—301.

Walker, Vern. 2007. Discovering the Logic of Legal Reasoning. *Hofstra Law Review* 35:1687—1708.

Waltz, Kenneth N. 1979. *Theory of International Politics*. New York: McGraw-Hill.

Wendt, Alexander. 1999. *Social Theory of International Politics*. Cambridge: Cambridge University Press.

Western, Bruce. 1999. Bayesian Analysis for Sociologists: An Introduction. *Sociological Methods Research* 28(7):7—34.

Western, Bruce, and Simon Jackman. 1994. Bayesian Inference for Comparative Research. *American Political Science Review* 88(2):412—423.

White, Timothy J. 2000. Cold War Historiography: New Evidence behind Traditional Typologies. *International Social Science Review* 75(3—4):35—46.

Wight, Colin. 2004. Theorizing the Mechanisms of Conceptual and Semiotic Space. *Philosophy of the Social Sciences* 34(2):283—299.

Wight, Colin. 2006. *Agents, Structures, and International Relations*. Cambridge: Cambridge University Press.

Williams, William Appleman. 1962. *The Tragedy of American Diplomacy*. New York: Delta.

Wohlforth, William C. 1997. New Evidence on Moscow's Cold War: Ambiguity in Search of Theory. *Diplomatic History* 21(2):229—242.

Wood, Elisabeth Jean. 2003. *Insurgent Collective Action and Civil War in El Salvador*. Cambridge: Cambridge University Press.

Yin, Robert K. 2003. *Case Study Research Design and Methods*. Thousand Oaks, CA: Sage.

Ziblatt, Daniel. 2009. Shaping Democratic Practice and the Causes of Electoral Fraud: The Case of Nineteenth-Century Germany. *American Political Science Review* 103(1):1—21.

图书在版编目(CIP)数据

过程追踪法 ：基本原理与指导方针 ／（丹）德里克
·比奇，（丹）拉斯穆斯·布伦·佩德森著 ；汪卫华译
. — 上海 ：格致出版社 ：上海人民出版社，2024.7
（格致方法.社会科学研究方法译丛）
ISBN 978 - 7 - 5432 - 3581 - 6

Ⅰ. ①过… Ⅱ. ①德… ②拉… ③汪… Ⅲ. ①社会科
学-研究方法 Ⅳ. ①C3

中国国家版本馆 CIP 数据核字(2024)第 110034 号

责任编辑 顾 悦 刘 茹
装帧设计 路 静

格致方法·社会科学研究方法译丛

过程追踪法：基本原理与指导方针

[丹麦]德里克·比奇 拉斯穆斯·布伦·佩德森 著
汪卫华 译

出 版	格致出版社	
	上海人民出版社	
	（201101 上海市闵行区号景路 159 弄 C 座）	
发 行	上海人民出版社发行中心	
印 刷	浙江临安曙光印务有限公司	
开 本	635×965 1/16	
印 张	13	
插 页	2	
字 数	184,000	
版 次	2024 年 7 月第 1 版	
印 次	2024 年 7 月第 1 次印刷	

ISBN 978 - 7 - 5432 - 3581 - 6/C · 314
定 价 62.00 元

上海市版权局著作权合同登记号:图字 09-2024-0285

格致方法·社会科学研究方法译丛

过程追踪法:基本原理与指导方针

　　　　[丹麦]德里克·比奇　拉斯穆斯·布伦·佩德森　著　汪卫华　译

质性研究分析与诠释:访谈之后

　　　　[美]查尔斯·瓦诺弗　保罗·米哈斯　约翰尼·萨尔达尼亚　主编

　　　　　　　　　　　　　　　　　　　　　　　　秦　静　施文刚　译

社会科学概念与测量(全新修订版)

　　　　　　　　　　　　[美]加里·格尔茨　著　宋天阳　译

重思社会科学研究:不同的工具、通用的标准(第二版)

　　　　[美]亨利·E.布雷迪　戴维·科利尔　主编　韩永辉　谭舒婷　译

两种传承:社会科学中的定性与定量研究

　　　　　　　[美]加里·格尔茨　詹姆斯·马奥尼　著　刘　军　译

社会科学中的研究设计(增订版)

　　　　[美]加里·金　罗伯特·基欧汉　悉尼·维巴　著　陈　硕　译

比较方法:超越定性与定量之争

　　　　　　　　　　　[美]查尔斯·C.拉金　著　刘旻然　译

定量研究中的稳健性检验

　　　　　　　　[英]埃里克·诺伊迈耶　[奥]托马斯·普吕佩尔　著

　　　　　　　　　　　　　　　　　　　　　　韩永辉　谭　锐　译

多元方法社会科学:定性和定量工具的结合

　　　　　　　[美]詹森·西赖特　著　王彦蓉　余利青　译

质性研究技能三十项

　　　　　　　[美]约翰·W.克雷斯威尔　著　王锡苓　译

混合方法研究导论

　　　　　　　[美]约翰·W.克雷斯维尔　著　李敏谊　译